Alas de papel

2ª edición, revisada por la autora

Cristina Páez Cot

espai literari

Alas de papel

Primera edición: abril 2017

Segunda edición (catalán): octubre 2019

Segunda edición (castellano): febrero 2020

ISBN: 978-84-120231-3-8

Impreso en la UE

A mis padres

Con otros ojos *

Imagínate la vida de otro color,
con otros ojos desde donde mirar
y con perspectivas diferentes,
para poder verlo todo más fácil.

Si alguien es capaz de hacerlo,
no habrá montañas en su camino.

Sabrá apartarse,
para ver por dónde puede pasar.

A partir de aquí, sólo verá gravilla,
piedrecitas para mirar por encima,
y ver que el camino es muy largo.

Quien sepa ver con otros ojos,
con diferentes perspectivas,
y con una buena sonrisa,
tendrá un larguísimo camino.

Tal vez lleno de piedrecitas,
quizá con alguna montaña;
pero si sabe dar un paso atrás,
y buscar la manera de pasar por encima,
nada ni nadie podrá evitar
una gran sonrisa.

Martí Fanlo Pàez
2° Premio Poesía Catalana Juegos Florales 1° ESO
IES Secretari Coloma. 2014.

(*) Traducido del original *Amb uns altres ulls*

Índice

Prólogo

Alas de papel es un conjunto de imprescindibles reflexiones sobre una manera de mirar al otro, y sobre todo cuando se halla en una situación de especial fragilidad o carencia en que la ayuda es necesaria. Lo que se cuenta es el resultado de la experiencia generada por muchos años de dedicación a la atención de las personas que han padecido algún trastorno mental y a sus familias; experiencias producidas en el marco de diversas instituciones de salud y de servicios sociales.

Esa nueva mirada va mostrando lo que percibe al adentrarse en ese amplio territorio al que llamamos la salud mental. Percibe y muestra las singularidades y modos con que cada persona vive su sufrimiento y los diversos efectos sobre su vida y sus relaciones. Al mismo tiempo, la autora es capaz de percibir y mostrar las características de las instituciones, de los grupos y de los profesionales que se mueven en dicho ámbito, así como los planteamientos políticos desde los que se piensan y se generan disposiciones legales y servicios sociales o sanitarios.

Es un texto vibrante y apasionado, aun siendo reflexivo. Apasionado, por la tarea de cuidar y de hacerlo desde una disciplina como el trabajo social, de importancia insuficientemente reconocida en el campo de la salud mental y de cuyas aportaciones la autora hace una muy interesante loa.

Todo el texto está atravesado por un fuerte compromiso ético que se basa en el respeto a la persona, el acercamiento cuidadoso a su biografía y a sus vivencias; elaborado desde el acompañamiento, el reconocimiento y la aceptación del sujeto con el que es imprescindible contar para evitar la implantación de certezas personales y de prácticas profesionales que pueden devenir sometedoras. La autora defiende que lo que importa es el sujeto, su libertad y su cuidado atento. Esos valores son los que destilan las propuestas de tipo técnico que sugiere para el desarrollo del trabajo en el domicilio: "Trabajar la relación de ayuda es trabajar sobre la dignidad y la ética, la honradez y la honestidad, la sabiduría y la coherencia con la creencia de que el ser humano tiene capacidades, posibilidades, autoridad y legitimidad para orientar su vida".

El texto reflexiona sobre experiencias reales —las que cuenta cada persona—, cargado de vivencias impresionantes y de una lucidez conmovedora que reafirma lo que tantas veces se olvida: que el saber está en el sujeto y que la escucha de su relato es indispensable para orientar la ayuda y producir efectos de salud. Pero la autora reflexiona también sobre las vivencias del profesional en su encuentro con el usuario y sus condiciones de vida.

Es un texto reflexivo que no rehúye opiniones comprometidas y firmes sobre las, en ocasiones, incomprensibles políticas asistenciales de las administraciones públicas o de los servicios y de algunas posiciones profesionales. "Hay un vacío asistencial importante. Y, sobre todo, hay una gran falta de plasticidad y creatividad en el sistema social y sanitario y entre los profesionales de la salud mental", sostiene la autora en estas páginas. Y esa certera observación la lleva a apostar por el imprescindible trabajo interdisciplinar e interinstitucional y de red.

Para las familias, y muy especialmente para las madres, el cuidado cotidiano de uno de sus miembros con un serio trastorno mental es de una gran exigencia, de un gran dolor y, muy frecuentemente, de una gran soledad. Es especialmente delicado el capítulo dedicado a este tema, en el que se plantean cuestiones que deben ser repensadas.

La reforma psiquiátrica y el desarrollo de la salud mental, de innegables efectos en la atención, tanto en cantidad como en calidad para las personas, ha sido posible por el esfuerzo de las familias sobre las que recae gran parte del cuidado para el que deberían haber contado con más apoyos. Todo ello da lugar a un sobresfuerzo que recae sobre la familia, que queda frecuentemente indefensa por la insuficiencia de los apoyos sanitarios, sociales y comunitarios.

Escrito con el objetivo de mostrar y sacar a la luz lo que la autora observa y lo que le cuentan en su práctica diaria, el texto supone una gran aportación al conocimiento no academicista —tantas veces alejado de la realidad— de lo que es realmente sufrir un trastorno mental y las necesidades de todo tipo que acompañan a la persona afectada a lo largo de su vida.

Este recorrido va desde el momento del diagnóstico —de sus limitaciones y de sus abusos reduccionistas y encasilladores— a la solución, tantas veces inadecuada y arbitraria, de la incapacitación legal que, la mayoría de las veces, aporta muy poco a la calidad de vida de la persona y ataca mucho a su dignidad y al respeto a su autonomía.

Los relatos de las personas de los que la autora deja constancia son de una crudeza y de una lucidez suficiente como para mover a la puesta en marcha de recursos y apoyos que cubran las necesidades existentes y que lo hagan basándose en el respeto y la dignidad.

El texto, referido al trabajo social y a sus aportaciones al desarrollo de ese campo interdisciplinar que es la salud mental y que tanto cuesta afianzar, sobrepasa rápidamente dicho ámbito disciplinar para convertirse en un texto que nos muestra un conjunto de detalles y de propuestas sobre los elementos que fundamentan una relación asistencial basada en los valores y que ya he ido señalando: el respeto, el reconocimiento, la dignidad, la escucha atenta. Todos ellos son aspectos que facilitan la creación de un vínculo honesto y transparente imprescindible para intervenir desde cualquier profesión asistencial.

El trabajo en el domicilio y en la comunidad no es solo una necesidad para las familias, sino también para los propios usuarios de los servicios, que reclaman una atención más humana, más ajustada a las necesidades de cada uno y más cercana. Creo que uno de los retos que deben plantearse los servicios de atención a la salud mental no es ya la accesibilidad de los usuarios a los servicios, que también, sino fundamentalmente de los profesionales a la comunidad y a los espacios de vida de los sujetos, siempre teniendo en cuenta la singularidad de cada uno.

Pero quiero insistir, sin que suene a exageración, que el apoyo en el domicilio y en la comunidad es necesario también para los profesionales, que necesitan salir del espacio cerrado de los despachos y del servicio en el que trabajan para no aislarse en prácticas también para ellos cronificantes.

Creo que son necesarios trabajos como este que tengo la satisfacción de presentar, donde se expongan las dificultades a las que tiene que hacer frente la persona que padece un trastorno mental y su entorno y de los riesgos del trato inadecuado al que pueden llevar las prácticas profesionales, pero también de los importantes efectos de prácticas innovadoras en las que hay que seguir profundizando. El texto que sigue es una muestra de ello.

José Leal Rubio. Psicólogo Clínico, Psicoanalista.
Supervisor Clínico e Institucional.

Introducción

Alas de papel es un libro que pretende ofrecer una mirada llena de esperanza y de posibilidades de recuperación a las personas que han sufrido un trastorno mental a lo largo de su vida. Brindar, desde la intervención del trabajo social, una mirada positiva y creativa; una nueva mirada llena de optimismo al conseguir mejoras importantes de lapersona.

El trabajo social, así como otras disciplinas que confluyen en el trato de la persona que sufre un trastorno mental, es una disciplina importante en la articulación del trabajo en equipo, del trabajo en red y del trabajo con los servicios comunitarios del entorno más cercano a la persona.

Pero el trabajo social en el campo de la salud mental goza de un posicionamiento estratégico entre las redes de atención primaria de salud, salud mental y servicios sociales municipales y comunitarios, que lo convierten en una pieza importante de transformación, pues cuenta con una plasticidad intrínseca a la profesión que le capacita para trabajar con diferentes profesionales y con otras disciplinas muy diversas.

En el ámbito de la salud mental, el trabajo social a menudo lidera procesos de trabajo en red, ya que esta es una de sus herramientas de intervención más potentes y acompaña los procesos de integración de la persona en su medio comunitario más cercano, pues tiene una larga historia en la implementación del trabajo social comunitario.

En nuestra sociedad, el trabajo social especializado en salud mental todavía permanece en la invisibilidad del trabajo realizado; no gestionamos recursos, puesto que nos dedicamos a trabajar con los recursos internos de la persona y como dice la palabra, son internos, no se ven. Se mantienen en la invisibilidad tal y como le ocurre al propio trastorno mental.

Este libro pretende transmitir la invisibilidad del trabajo realizado en el marco de nuestra profesión, cuando menos por una parte especializada de esta, el trabajo social en el ámbito de la salud mental y en una de sus áreas de atención que es la intervención social en el hogar de las personas con trastorno mental.

El trabajador social es uno de los profesionales expertos en trabajar en el hogar, en el despacho y en la calle, con diferentes técnicas y metodologías que permiten realizar su labor tanto en el al ámbito social como en el de la salud mental.

Alas de papel pretende explicar cómo el trabajo social dispone de una herramienta de intervención potente cuando se desarrolla en el domicilio de la persona atendida. Cómo desde su hogar, desde su espacio más íntimo, se detectan problemas que en otros contextos no se identifican con tanta claridad.

Problemas como los de las madres de las personas con trastorno psicótico que, con un sufrimiento callado, entregado y silenciado, no llega a ser entendido por nadie ni atendido por ningún estamento social ni sanitario. Problemas como el de los jóvenes que sufren una descompensación psicótica y permanecen encerrados en su habitación, confundiendo a los padres, que se preguntan si son cosas propias de la edad o cosas más graves que les cuesta explicar al médico.

O como la soledad de la persona con esquizofrenia que, después de muchos años de un proceso deteriorante, permanece sola y aislada en su domicilio, carente de relaciones de amistad, de afecto, íntimas y de pareja mientras nadie se pregunta por aspectos tan importantes como estos para la buena salud del ser humano.

Trabajar en el hogar, desde el hogar, con la colaboración de la persona afectada por una esquizofrenia o cualquier otro tipo de trastorno psicótico tiene un potencial de cambio y transformación tan elevado que me complace deciros que no lo podemos obviar.

Tenemos que trabajar para incrementar su desarrollo, elevarlo a especialización de nuestra profesión y defenderlo ante programas públicos y carteras de servicios sociales que lo ningunean financieramente sin ser conscientes del fuerte impacto personal que tiene, puesto que los cambios que se producen son numerosos y de una importancia vital para la persona.

Sin embargo, como estos cambios son intrínsecos al propio proceso de acompañamiento de la misma y se producen en su hogar, un espacio privado, íntimo y poco visible, no suele verse ni constatarse. Y aquello que es invisible, aquello que no se ve acostumbra a ser negado; aquello que no se puede inaugurar públicamente, a menudo, no se tiene en cuenta debido a su escasa incidencia y relevancia mediática.

Pero nosotros, los trabajadores sociales y otros muchos profesionales que trabajamos en el ámbito social y de la salud mental, no podemos perder de vista que trabajar las relaciones humanas, pese a su invisibilidad, tiene unos efectos de cambio y mejora espectaculares. Gestionar las emociones humanas es una tarea que requiere conocimiento y experiencia en el dominio de las técnicas y la metodología de intervención y sus efectos son visibles, valiosos y brillantes.

Alas de papel focaliza su atención en lo que pasa en el hogar y, desde allí, amplía su mirada como si se tratara de un zoom que amplía su campo de visión hacia el entorno social, comunitario, sanitario, familiar y vecinal de la persona. Cómo se trabaja en el hogar, qué hacemos, por qué lo hacemos y cómo se tiene que hacer son algunos de los aspectos que pretende abordar y aportar este trabajo.

Desde dentro, desde las bambalinas del escenario que se muestra a todo el mundo, nosotros los profesionales tenemos una oportunidad única de reformar, reflexionar y proponer cambios; de ser verdaderos agentes transformadores de aspectos personales, individuales, familiares y sociales.

Conocedores de los recursos internos que tenemos que trabajar con las personas que sufren un trastorno mental severo y con sus familias, nos convertimos en profesionales que acompañamos con tiempo y experiencia el proceso de cambio de las personas, que valoramos y rescatamos cualquier mejora que consiguen, que mostramos y defendemos el derecho a una vida más digna.

El trabajador social junto con todos los profesionales que confluyen en el trato con la persona que sufre un trastorno mental como psiquiatras, psicólogos, enfermeros, educadores sociales, integradores sociales, terapeutas ocupacionales, insertores laborales, médicos de familia, pediatras y un extenso número de profesiones y profesionales, trata y acompaña a la persona durante su proceso de recuperación y mejora de la calidad de vida constituyendo una red de relaciones y vínculos humanos que le ofrecen ayuda en su tránsito hacia la salud mental.

A pesar de todo, el protagonista de la nueva mirada que propone este libro es la persona. La persona que, en un momento dado de su vida, sufre un trastorno mental que evoluciona hacia un deterioro de sus capacidades cognitivas y relacionales y, a veces, llega incluso a afectar a sus capacidades de obrar y de decidir.

Es esta persona en la que se centra nuestro trabajo. Y es a ella a la que tenemos que reconocer y agradecer su capacidad de confiar en nosotros, los profesionales, en nuestro acompañamiento durante muchos años de su vida. Sus capacidades de cambio, de esfuerzo, de confianza y de voluntad de mejorar.

Vivir en una sociedad que los aparta con facilidad, que olvida entenderlos y prefiere obviarlos, que niega la existencia de la exclusión social por su incapacidad para resolverla, que los esconde en el seno familiar (que todo lo acoge y todo lo tapa) es vivir recluidos y encarcelados entre los muros de la enfermedad y el olvido. Pero esa persona tiene capacidades. Es un ciudadano con pleno derecho a vivir la ciudadanía, que le otorga derechos y deberes para convivir en la sociedad en la que ha nacido y de la que participa.

Y esa persona es agradecida. Agradecer es la capacidad de apreciar y valorar cuanto se tiene gracias a los demás. Sentir agradecimiento implica reconocer la ayuda brindada por otras personas y desear corresponderlas de alguna manera. La gratitud celebra las conexiones entre las personas y su capacidad innata para intercambiar ayuda. Esta actitud está muy presente entre las personas con las que trabajamos y a menudo no se les reconoce.

En un momento histórico de gran crisis económica y de reestructuración del modelo social y del Estado del bienestar, hay que valorar que con pocos recursos económicos y sociales podemos apostar por las capacidades de cambio de las personas que quieren mejorar su dignidad humana y su bienestar social. El trabajo social en el ámbito de la salud mental, así como otras profesiones que tienen el punto de encuentro en este campo, trabajan con los aspectos interiores del ser humano, sus emociones y ansiedades.

Experto en este trabajo de punto de cruz, por su lentitud, posibilidades de equivocarse, deshacer y volver a empezar, mantener la motivación hasta el final, el profesional tiene que optar siempre por rescatar las posibilidades y capacidades de la persona y por la convicción firme de que el cambio y la mejora son posibles.

La esquizofrenia es uno de los trastornos mentales severos más discapacitantes que puede sufrir el ser humano, pero creer en sus posibilidades y trabajar con la firmeza de que este puede cambiar es uno de los valores más grandes del profesional que trabaja con el compromiso de ayudar el ser humano. Y comprobar que cuando se trabaja manteniendo un nivel de calidad asistencial, se consigue éxito en las intervenciones profesionales, es la satisfacción profesional y personal más grande que puede proporcionar el trabajo bien hecho.

Alas de papel es un libro hecho desde la admiración y el respeto que siento por la profesión y por el colectivo con el que he trabajado durante muchos años. Una profesión que nos permite trabajar para dignificar la vida de las personas más desfavorecidas.

Dar luz a este libro no deja de ser un regalo a mis 25 años de experiencia laboral dedicada a las personas que sufren un trastorno mental y a sus familias. Este libro, sus protagonistas y sus anécdotas, a partir de las cuales intento ofrecer una mirada esperanzadora del trabajo que llevamos a cabo con personas con problemas de salud mental, no deja de ser un premio a mi larga trayectoria laboral, costosa pero llena de satisfacciones.
Deciros que en algunos momentos utilizaré el término más adecuado de trastorno mental y, específicamente, veréis que me refiero a personas con trastorno mental severo, puesto que su evolución ha ido hacia el deterioro y la gravedad.

Un trabajo realizado a partir de historias de vidas que he conocido entrando física y simbólicamente en los hogares de estas personas. Familias que me han abierto la puerta de sus vidas y me han confiado vivencias, esperanzas, secretos, miedos...

Un trabajo que intenta mostrar el sufrimiento que se esconde detrás de quien sufre un trastorno mental y cómo este afecta su entorno familiar. Pero, por encima de todo, un trabajo que cree firmemente en las capacidades y posibilidades de cambio que tiene la persona y que brinda e invita a todos a mirar hacia propuestas innovadoras centradas en el acompañamiento de la persona con sus miedos, inquietudes y ansiedades. Aspectos todos ellos propiamente humanos.

Cristina Páez Cot

Trabajo social en el hogar, un espacio de cambio y reflexión

Introducción

Desde los inicios, las raíces de nuestra profesión ya nos vinculan intensamente a los domicilios. Domicilio u hogar, un espacio de reflexión y cambio. Históricamente, el trabajo social está ligado a las visitadoras domiciliarias que iban a las casas para revisar cómo se estaba atendiendo a las personas en su hogar.

Con Octavia Hill, en la época victoriana (1838-1912), ya encontramos un referente en cuanto a la intervención que realizaba en los domicilios. Inició un ambicioso proyecto, El Sistema Hill de Viviendas, que tenía como eje central las viviendas de la ciudad de Londres. Octavia Hill reformó grandes casas de la época y las transformó en pequeños habitáculos, donde alojaba a personas con dificultades económicas y sociales. Con la excusa de ir a cobrar los alquileres y renovar los contratos, reconvertía la visita en un medio para conocer a la familia, revisar cómo vivían, cómo se alimentaban, qué hábitos tenían y cómo gestionaban los recursos económicos. Y aprovechaba para dar consejos destinados a mejorar la situación de estas familias.

Hill dio un paso importante en el modelo de atención a la clase necesitada: promulgaba la relación personal y la amistad frente a la caridad y la beneficencia. Con ella se empezó a hablar de casos y de la confidencialidad con que se tenía que trabajar. El trabajador social y otros profesionales que actúan en el ámbito social tienen una herramienta de intervención muy potente en su vertiente domiciliaria: trabajar en el hogar, en los domicilios, en el espacio propio y natural de la familia y en el seno de las relaciones familiares.

Es una experiencia significativa que tenemos que rescatar desde nuestra profesión, el trabajo social. Una relación es un proceso de doble dirección en el que los dos participantes interaccionan mutuamente, nos dice Isca Salzberger. También afirma que el trabajador social tiene un enorme potencial de acción y de actuación cuando trabaja en el domicilio de la persona, ya que tiene gran capacidad de observación de las relaciones madre-hijo y de las relaciones familiares *in situ*, en su espacio natural.

En el caso de una persona con un trastorno psicótico, una esquizofrenia que la haya empobrecido y deteriorado, puede ser que esté aislada en casa, sin hacer ningún tipo de demanda o si la hace, que esta sea frágil e inconsistente. En estos casos, los profesionales tenemos que mostrar en los domicilios una actitud proactiva y generadora de cambios. Y los trabajadores sociales lo podemos hacer porque nos legitima la historia, los orígenes de la profesión, el ámbito de trabajo y la experiencia en el conocimiento de la gestión de la relación humana. Estamos legítimamente reconocidos para intervenir en el domicilio e iniciar en él el proceso de intervención social necesario para generar cambios en una persona y en su familia.

Actualmente la atención en el domicilio no solo está regulada legalmente, sino que se ha convertido en un derecho básico de los servicios sociales. El Decreto 142/2010, de 11/10, por el cual se aprueba la Cartera de Servicios Sociales 2010-2011, define los servicios deatención domiciliariacomo unaprestacióngarantizada y definida como un conjunto organizado y coordinado de acciones que se realizan básicamente en el hogar y dirigidas a proporcionar atenciones personales, ayuda en el domicilio y apoyo social a aquellas personas y/o familias con dificultades de desarrollo o de integración social o con carencia de autonomía personal.

Dice la ley: *El servicio de ayuda a domicilio podrá complementarse con otras modalidades de atención: promover una mejor calidad de vida de las personas usuarias potenciando su autonomía personal y unas condiciones adecuadas de convivencia en su propio entorno familiar. Ofrecerá: atención personal, ayuda en el hogar, apoyo social y familiar y potenciará la relación con el entorno.*

Intervención en el hogar de personas con trastorno mental

La intervención en el hogar de personas que sufren una problemática derivada de un trastorno mental severo se enmarca en el espacio social y sanitario determinado por los profesionales que trabajan en los equipamientos de salud mental de adultos, atención primaria de salud, servicios sociales municipales y otros servicios sociales especializados en salud mental. Desde este marco de trabajo, donde participan profesionales de diferentes disciplinas y orientaciones psicológicas, diferentes modelos de atención y metodologías de intervención, es posible que el trabajo social se plantee intervenciones en el domicilio del paciente afectado por un trastorno psicótico.

El paciente puede estar conectado y vinculado a su entorno comunitario o se puede aislar en el domicilio con más o menos posibilidad de establecer un contacto con nosotros, que permita el trabajo de relación a partir del cual generar cambios hacia la mejora de su calidad de vida.

Desde el trabajo social en el ámbito de la salud mental, tenemos la posibilidad de realizar visitas al domicilio del paciente para hacer un diagnóstico biopsicosocial que ayude a otros miembros del equipo a conocer mejor en qué situación de estabilidad, aislamiento, salubridad, riesgo de exclusión social, etcétera, vive la persona atendida y su familia, o bien podemos proponer una intervención a largo plazo en el domicilio.

Es importante tener en cuenta que existen unos aspectos teóricos y conceptuales que enmarcan este ámbito de trabajo. El trabajo social en el hogar cuenta con un potencial de emociones humanas que hay que saber gestionar y con un proceso metodológico propio que es necesario conocer y dominar técnicamente. Este proceso tiene que velar por mantener intactos los siguientes parámetros de atención:

– Acompañar las ansiedades que se desvelan en el proceso.
– Dar tiempo a los cambios que se pueden producir.
– Trabajar junto ala persona afectada.
– Entender las claves de todo proceso de cambio.

Estos aspectos se deben tener presentes al mismo tiempo y de forma transversal en cada una de las fases metodológicas que a continuación expondré.

Presentación del profesional que interviene en el hogar

Desde el ámbito del trabajo social podemos proponer que intervengan en el domicilio cualquiera de los miembros de nuestro equipo –psiquiatras, enfermeras, pediatras...–, programas externos como el de seguimiento individualizado –PSI– u otros de acompañamiento en el hogar.

El profesional del trabajo social es como la llave que abre y cierra muchos procesos de vinculación con este colectivo. Tiene la libertad de hacer visitas a domicilio, diagnósticas y de tratamiento, y cuenta con una gran cantidad de recursos dispuestos para actuar en el momento más adecuado. Todos los profesionales que intervienen desde el campo de la salud mental configuran una red de atención a la persona destinada a intentar asegurarle una continuidad asistencial que le permita continuar viviendo en su domicilio y en su entorno comunitario. Es importante la aceptación del profesional por parte de la persona. Es básico para conseguir el éxito en la intervención social.

Por lo tanto, su presentación es un momento que debe tenerse en cuenta para la creación y consolidación del vínculo con ella y con su familia. Claridad, concreción y transparencia son algunos de los aspectos básicos que deben enmarcar la presentación del profesional que se encargará de la intervención en el hogar:

– Clarificar los motivos por cuales necesitamos saber cómo es su espacio vital.
– Concretar cuál es el objetivo de la intervención del profesional.
– Hacerle saber con quién y por qué compartiremos la información que podamos extraer de la intervención en el hogar y hasta dónde llega su derecho a la confidencialidad.

La aceptación de este profesional por parte de la persona con trastorno mental es básica para iniciar la intervención en el domicilio. Para establecer el inicio de este vínculo, es imprescindible clarificar los siguientes puntos:

– De dónde proviene este nuevo profesional
– Qué relación mantiene con el profesional de referencia
– Qué funciones realizará en el domicilio
– Cuánto tiempo durará la intervención con la persona

Aclarando estos aspectos, que inicialmente pueden parecer

irrelevantes, conseguimos que el usuario comparta con nosotros la misma información que nos interesa que entienda. Es necesario que sepa que el nuevo profesional y el de referencia tienen suficiente conocimiento mutuo como para concluir que la propuesta de intervención en el hogar le puede ayudar a mejorar su calidad de vida.

Nos interesa hacerle entender que inicialmente proponemos que intervenga haciendo unas funciones determinadas, pero que él/ella será siempre quién irá modelando el programa de intervención, que escucharemos su voluntad de cambio y que respetaremos el tiempo que necesite para conseguirlo.

La presentación del profesional se hará en el servicio social o sanitario en el que lo estén atendiendo. Habrá que tener en cuenta las ansiedades y fantasías que se puedan despertar en la persona ante la propuesta de intervenir en el domicilio – "me desahuciarán si ven que está sucio, me pueden quitar al niño si ven cómo vivimos, me ingresarán en una residencia si ven cómo estoy, me internarán de por vida si saben el estado en que vivo..."– por ejemplo.

Por lo tanto, tenemos que ser muy cuidadosos durante la entrevista. Tenemos que ayudar a la persona a que pregunte y consulte todo aquello que le sugiere esta propuesta de intervención. Los miedos que puedan surgir, las amenazas que pueda sentir, las confusiones que se puedan originar...

Y hará falta tiempo para que vaya entendiendo que se trata de un tipo de intervención profesional, que está enmarcada en el código de confidencialidad que nos ampara, según el cual, lo que vemos y lo que nos puedan ir explicando, solo se utilizará con su permiso, en círculos profesionales y con el objetivo de mejorar su calidad de vida. Que juntos diseñaremos los objetivos de intervención y que siempre estará a tiempo de anular la propuesta.

Es la persona quien nos abre la puerta de su casa. El servicio de referencia será quien articule la coordinación entre los diferentes profesionales que intervengan en torno a ella. Y será el servicio derivador quien pedirá y acordará las reuniones de seguimiento y coordinación con los profesionales de intervención a domicilio para ir evaluando el caso.

A veces, la persona con trastorno mental severo no puede desplazarse con facilidad hasta el centro de referencia que lleva el seguimiento de su evolución psicosocial. Entonces, la vivienda o incluso el rellano de la escalera también puede ser un lugar adecuado para iniciar la relación de ayuda. Como veis, lo más importante es tener claro el marco de referencia en el que nos movemos y el modelo conceptual a partir del cual intervenimos, así como trabajar con tacto, tiempo, prudencia y respeto. La cuestión es acompañar los cambios en la relación humana en el espacio físico en el que se producen, ya sea en su hogar o en la calle.

La gestión emocional, un trabajo de alta sensibilidad

Tratar las emociones humanas es trabajar un espacio del ser humano de altísima sensibilidad. Trabajar en el seno del hogar es trabajar en un espacio donde todo tiene eco, porque todo adquiere un sentido y, por lo tanto, se debe hacer con mucho cuidado y respeto hacia la persona a la que queremos ayudar. Es interesante preguntarse quién ayuda a quién.

Antoni ya estaba en la sala de espera cuando llegamos la educadora social y yo. De hecho, él mismo, inquieto por la espera, nos recibió diciéndonos que la trabajadora social vendría enseguida. Le agradecimos el detalle. Se le notaba interesado por saber quiénes éramos y qué íbamos a hacer a su casa.

Cuando fuimos al servicio de rehabilitación comunitaria a conocer a Antoni, nos pareció que podría mejorar su bienestar en casa con la ayuda de un profesional que le echara un cable. Al ir a verle, aprendimos de él, de sus inquietudes, de cómo las minimizó al vernos y de la prisa que tenía por empezar el programa de intervención propuesto. Es así como descubres que la persona es quien es, cómo te permite que entres en su vida para que la ayudes, que es ella quien te permite la entrada en su casa, en su espacio más íntimo y privado. También en su mundo interno en el que nos encontramos emociones y sentimientos quizá desbordados ante tanta novedad relacional ; emociones, sensaciones y sentimientos que debemos escuchar y gestionar nunca negar o anular.

Miedo, incertidumbre, ilusión, sorpresa, desconcierto... Emociones que se desvelan en el corazón de la persona que sufre un trastorno mental severo y que tenemos que saber escuchar, detectar y mostrar para que la persona se sienta acogida, comprendida y atendida en su globalidad.

Enseguida nos recibió el profesional que nos esperaba y escogimos una sala pequeña y acogedora donde hacer la presentación del programa, de las profesionales y sobre todo de las angustias, los miedos y las dudas que a toda persona se le despiertan cuando se le propone que un profesional desconocido vaya a su casa a ayudarle.

Es muy importante cuidar estos detalles para que la derivación a un programa tan frágil y susceptible de ser rechazado y que inicialmente puede ser vivido de forma invasiva, sea entendido y aceptado por la persona con trastorno mental.

Antoni era una persona de 45 años, educada, que nos dio la mano en el momento de la presentación. Tenía buen contacto emocional, pero parecía tímido en las nuevas relaciones. La trabajadora social, sentada a su lado en una sala pequeña y acogedora, nos explicó quién era Antoni y qué proceso estaba haciendo en el servicio de rehabilitación.

Va cada día a hacer una actividad u otra. Vive solo, tiene un hermano que vive fuera y que querría ayudarlo mucho más de lo que puede, puesto que su ocupación laboral y la distancia física dificulta que pueda estar más por él. Antoni ha pasado épocas muy aislado en su casa, pero ahora lleva una larga temporada muy vinculado al servicio y a las actividades.

La derivación, un proceso de extrema importancia

Nos dice Salga Salberger en su libro *La relación asistencial* que "el proceso de derivación es un momento importante para trabajar las ansiedades de separación en el supuesto de que uno de los trabajadores sociales desaparezca de la intervención social".

En el caso de Antoni, los profesionales del servicio de rehabilitación comunitaria no desaparecían, pero nos incorporábamos nuevos trabajadores desconocidos para él y podía tener la fantasía de que los otros desaparecerían. Por ello, había que ser prudentes y trabajar cuidando los aspectos relacionales.

Previamente a la presentación de Antoni, las tres profesionales nos habíamos reunido para hablar de su historia personal y del proceso que habían trabajado desde el servicio. La trabajadora social y el psicólogo del centro consiguieron hacerle una visita en su casa hacía cosa de un mes. Él era muy reticente a abrirles la puerta, le daba vergüenza mostrar su intimidad, su desorden, la casa sucia, muy sucia. Es un proceso difícil y delicado, ya que se trata de mostrar sus debilidades, sus incapacidades, sus carencias internas más propias y personales.

Los profesionales, cuando trabajamos con el objetivo de conseguir cambios, debemos tener presentes dos variables muy importantes: la motivación por el cambio y las resistencias a él. El ser humano vive siempre en esta dualidad, caminar hacia delante y a la vez, resistirse a ello.

La persona que sufre un trastorno mental severo, como una esquizofrenia con más de 20 años de evolución, no entiende de cambios más allá de los de la medicación, aspecto que tiene que mantener controlado porque es el que encapsula y tranquiliza la sintomatología positiva de la enfermedad.

La persona con un deterioro cognitivo importante, por la gravedad de los efectos del trastorno psicótico, tiende de forma exponencial a mantenerse en la quietud de la cronicidad. Esta estabilidad es lo que conoce y le tranquiliza. Ante esta cronicidad, los cambios propuestos por los profesionales que lo atienen se deben hacer con la prudencia y con el tiempo y la confianza que la persona con trastorno mental sea capaz de aceptar.

Antoni se sentó entre sus profesionales de referencia. Le daban tranquilidad y seguridad. Estos nos presentaron como personas que podríamos ayudarle a hacer su casa más acogedora y, por lo tanto, mejorar su bienestar. Se le veía perdido. Inseguro y preocupado. No sabía qué decir. Las personas que le estaban ayudando en el servicio de rehabilitación comunitaria le proponían cambios para mejorar el estado de su hogar para que se pudiera sentir mejor, por lo tanto, no podía negarse porque no quería decepcionarles. Pero ¿qué quería decir exactamente esto? ¿Quiénes eran estos nuevos profesionales y qué harían en su casa? ¿Tirarían sus cosas? ¿Le cambiarían los muebles de lugar? ¿Le transformarían su hogar? ¡Su casa de toda la vida, la casa de sus padres!

Estas, entre otras, eran las preguntas que suponíamos que se podía estar haciendo. Si se tiene la capacidad de empatizar con el otro, o sea, de sentir lo que la otra persona puede sentir sin perder la posición de profesional, es fácil pensar que todas estas preguntas podían estar en la cabeza de Antoni. Podían estar presentes sin que las verbalizara. El miedo a hacerlo mal y cuestionarse quiénes éramos, podían entenderse como resistencias a aceptar el servicio que le ofrecían sus profesionales de referencia.

Así pues, fuimos nosotros quiénes pusimos en palabras todas esas inquietudes, preguntas, incertidumbres y miedos que con toda probabilidad estaba sintiendo y que le hacían mostrar una actitud de inseguridad e incerteza ante la posibilidad de vivir ciertos cambios en su espacio más intimo y cercano. Le explicamos que era lógico que se sintiera un poco inquieto por el hecho de que personas desconocidas se ofrecieran a ir a su casa a ayudarle, y le explicamos las claves básicas de nuestra intervención: "te ayudaremos a mejorar lo que tú decidas cambiar y en el tiempo que tú necesites". De repente, hizo una larga inspiración y se relajó en la silla. "Y ahora que nos conoces, tienes tiempo para pensar y decidir si quieres o no nuestra ayuda". Asintió, primero con la cabeza y después, con la voz y la mirada.

Los profesionales de referencia intentaron concretar la primera fecha de intervención a domicilio. A menudo se tarda mucho tiempo en que la persona con esquizofrenia acepte pequeños cambios, y aún más cuando son en un espacio tan reservado y propio como el hogar.

Así, aprovechando el vínculo establecido con los profesionales del servicio de rehabilitación comunitaria, se acordó la primera visita en el domicilio a la semana siguiente de la entrevista. Dejar pasar mucho tiempo desde la presentación de los nuevos profesionales hasta experimentar la vivencia de su intervención en el hogar puede desatar fantasías persecutorias que hacen que la persona se vuelva a anclar en la cronicidad que conoce y que le da seguridad.

El trabajo expuesto hasta aquí es un buen proceso de derivación. Como proceso, tiene en cuenta las variables que lo definen. La persona necesita un tiempo para construir una nueva realidad, inicialmente imaginada. Cuenta con la variable movimiento, propio de todo cambio y cuenta con un conjunto de expectativas que llegan de todas partes –usuario, profesionales del SRC y del programa de acompañamiento en el hogar–.

Como intervención que está trabajando un proceso de derivación cuenta con la variable derivare ("fluir hacia otro lugar") y, por lo tanto, la traslación de un lugar conocido a otro desconocido que genera interés y miedo, ilusión e inquietud, alegría e incertidumbre.

Cristina Páez Cot

Intervención social en el hogar

"¿Qué le digo?, ¿Cómo empiezo?, ¿Qué hago?", me preguntó la educadora antes de ir por primera vez al domicilio de Pere, un hombre de 60 años atendido en el centro de salud mental desde donde lo derivaron al programa de acompañamiento en el hogar. Desde allí también se hizo un buen proceso de derivación, por eso Pere aceptó más fácilmente el programa. Como podéis observar, hablamos de domicilio y de hogar en momentos diferentes y en contextos determinados. El domicilio es el lugar donde está empadronada la persona. Una calle con un número y un piso que, en conjunto, la ubica en el punto donde vive. Cambiar de domicilio es relativamente fácil. Comporta el traslado de cosas de un lugar a otro.

El hogar es el espacio físico donde la persona vive sola o con compañía, hace su vida y lo llena del sentir, del palpitar... de su propia existencia y de las emociones propias de las relaciones familiares; lo llena de vida. Por eso, cambiar de hogar es más complicado. Comporta cambiar vínculos hechos en aquel espacio, con las experiencias vividas en aquel barrio, las relaciones establecidas con el vecino, con el tendero o, simplemente, con el espacio físico alrededor del cual la persona despliega sus relaciones comunitarias. Su proyecto de vida.

El hogar está impregnado de uno mismo y de todas las personas que viven en él. De sus vivencias, recuerdos, ilusiones, amores, desamores, proyectos, frustraciones, anhelos, etcétera. Es interesante observar que hay personas que tienen un hogar repleto de cosas, repleto de recuerdos de todo tipo; hay otros que viven en un hogar con espacios para lo que está por venir, abierto a nuevas experiencias, nuevas vivencias y nuevas compañías.

Hay personas que guardan y acumulan, a las que les cuesta tirar y deshacerse de cosas: apuntes de la carrera, libros antiguos, discos de vinilo, diarios acumulados que parece que escriban la historia con su presencia. Hay personas que regularmente se deshacen de lo que ya ha pasado a la historia vivida y sentida, que ya ha acabado. Cierran etapas, pasan por pequeños duelos de lo que ha concluido. Y abren espacio a nuevas posibilidades que la vida les depara.

El piso de Pere era grande, demasiado para él solo, con un comedor enorme y tres habitaciones. Una de ellas hacía cinco años que no la abría, aunque sí la ventilaba. Allí dormían sus padres, que ya habían muerto. Pere tenía un delirio con las voces de los vecinos. Cuando estaba solo, las oía por todas partes. Por eso, hacía años que había optado por pasarse el día en la calle, ocupado, andando, para evitar oír a los vecinos cuando llegaba a casa y se sentía solo.

La casa estaba desolada y vacía, en las habitaciones tenía dos camas y un armario. Él vivía en el comedor, donde había puesto la cama, un armario, la mesa para comer y la televisión. Al entrar por primera vez, se sentía frialdad, vacío emocional, a pesar de las fotografías y cuadros colgados en las paredes.

Allí vivían al menos tres generaciones, el hogar había quedado detenido en los años 50 o 60; nada se había tocado desde entonces y, desde hacía cinco años, una habitación permanecía cerrada. Allí habían fallecido sus padres. Él la ventilaba. No sabíamos por qué, pero le daba miedo abrirla. O sea, que convivía con la muerte y el miedo dentro de casa. También con fotografías de hacía tres generaciones y con el delirio de las voces de los vecinos.

"Nada –le dije a la educadora–, no hay que hacer nada. Mira y escucha, y míralo y escúchalo". Con esta actitud abierta, receptiva y acogedora la educadora pudo entrar hasta el final del piso y ver que Pere tenía su hogar en el comedor. Allí tenía luz exterior, su cama, la nevera y sus fotografías y cuadros.

Pere enseguida se sinceró y le explicó que lo que más le costaba era organizar la ropa limpia y la sucia y mejorar su alimentación. Esta consistía en tener un gran bol de arroz hervido en la nevera y complementarlo con un poco de fruta. Pere quería pasar más rato en su comedor, tranquilo, sin que las voces le molestaran, pero su hogar estaba lleno de voces de generaciones que se habían quedado allí, impertérritas, impenetrables, atemporales, sin permitir que el tiempo le modificara la vida.

También los profesionales de atención directa que se inician en un caso tienen sus miedos, sus incertidumbres, sus inseguridades, sus dudas con respecto a su intervención y a su actitud hacia la persona afectada. Esta es vulnerable a los cambios y el profesional de atención directa está ahí, para promover cambios. Ahora bien, ¿cómo hacerlos? ¿Por dónde empezar? ¿Qué decir y qué hacer? ¿Cómo contener la ansiedad que le pueden provocar las propuestas de cambio?... Toda una serie de preguntas y planteamientos que se manifiestan inicialmente porque en el hogar se produce un encuentro de dos desconocidos, de dos personas vulnerables, una a los cambios sugeridos y la otra, a las consecuencias de los cambios propuestos.

La intervención en el domicilio tiene que estar enmarcada en los valores éticos y humanos, que son los que dan solidez a la relación de ayuda y a la construcción del vínculo. La ética del respeto al otro, a sus valores, a sus creencias, a sus presuposiciones… ¿Por qué mejorar la calidad de vida de una persona que ya la cree aceptable? ¿Nos lo pide? ¿Qué y qué tipo de demanda hace?... Hay toda una serie de preguntas que siempre nos tendríamos que plantear los profesionales cuando estamos inmersos en un proceso de relación de ayuda.

En el domicilio, el proceso diagnóstico es diferente del que podemos hacer en las instalaciones de un centro de salud mental o de servicios sociales municipales. En este caso tenemos un despacho, un tiempo preestablecido, un espacio físico y temporal. La persona se dirige a los servicios con unas expectativas y una demanda más o menos adecuada a las prestaciones y a la ayuda que le pueden ofrecer estos servicios sociales o de salud. En el domicilio, la persona objeto de atención está esperándonos en su casa. Acordamos un día y un horario para iniciar la intervención profesional, pero no hay un despacho ni una mesa que nos separe ni una entrevista acotada por un tiempo determinado. El setting o encuadre de la intervención lo lleva internamente el profesional que se encargará de la intervención y que durante las primeras sesiones se ocupará de ir haciendo el proceso diagnóstico.

El modelo de trabajo lo interiorizamos a partir de la experiencia profesional, la formación, el trabajo personal. Gracias a que disponemos de un modelo teórico interno, unas cualidades profesionales y un marco de actuación ética, podemos realizar nuestra intervención, ya sea en el domicilio o en la calle. Lo importante, lo básico es la relación con el otro. Y esta viene marcada por el setting que el profesional dé a la misma. De hecho, cuando se actúa y se lleva a la práctica, es indiferente que haya un despacho, un domicilio o el cielo raso para trabajar el aspecto relacional, la relación de ayuda.

Durante las primeras sesiones, el profesional de atención directa observa, escucha, mira, pregunta y ayuda a la reflexión. Quizá sentados en un sofá, bajo el marco de la puerta de entrada o recorriendo las habitaciones del piso. Quizá preguntando por los detalles que le sorprenden o pensando cómo preguntar, para no ofender, ante tanta pobreza material y relacional.

Escuchar con serenidad ayuda a que la persona se sienta tranquila, a que lo que explica o hace no asuste al profesional y, por lo tanto, se sienta comprendida. Se trata de escuchar con serenidad. El sereno era antiguamente el que velaba por mantener las calles tranquilas y seguras durante la noche. Esta actitud de escucha ante la persona que sufre un trastorno mental severo es uno de los aspectos que permiten que se pueda producir el vínculo o la relación de confianza necesaria a partir de la cual construir el cambio. Y, consecuentemente, es uno de los aspectos que llevan al fracaso de la intervención si no se tiene en cuenta y se actúa con celeridad, con prisa, con imposiciones y autoridad.

Articular el trabajo en equipo y el trabajo en red

Una de las intervenciones sociales más interesantes a realizar por la espectacularidad de los resultados que se obtienen es la intervención social en el hogar. Ahora bien, en el hogar se tiene que intervenir con cuidado, prudencia, respetando el tiempo de la persona y apoyado por los profesionales del equipo en el que se trabaja. Las acciones profesionales que realizamos en el hogar conviene que estén aprobadas por todo el equipo, puesto que estas acciones irán tejiendo unos lazos de unión dentro de nuestro equipo y con otros de salud general o con servicios sociales que quizá tendrán que atenderles. A continuación, veréis una realidad grave, oculta en el domicilio.

Encarna y Eugènia, de 67 y 33 años respectivamente, son madre e hija, las dos con un trastorno mental severo, desvinculadas de todo tratamiento, de la red de salud mental y la de salud general. Eugènia llega al centro de salud mental y solicita hora de visita. La secretaria del servicio, profesional indispensable en este trabajo de vinculación, lee que hace seis años que no se visita y le da hora con la trabajadora social del centro para que explore la situación que presenta. Eugènia solicita acceder a un trabajo; quiere trabajar porque tiene que mantener a su madre. La trabajadora social explora la situación de su madre y la paciente le dice que hace cinco años que murió su padre y que, desde entonces, su madre no sale de casa, no sale de la habitación, no sale de la cama. Hace cinco años que su madre no se levanta de la cama.

La trabajadora social le pide permiso para hacer una visita a domicilio y explorar la situación de la madre. Eugènia no muestra resistencia, pero el día acordado no abren la puerta. Este es un momento, terapéuticamente hablando, muy delicado. Sabemos que, si no insistimos en la voluntad de ayudar, Eugènia no volverá al centro de salud mental ya que la primera vez no obtuvo la respuesta deseada. Pedía trabajo y consiguió una visita a domicilio. Esta no era su demanda. Por lo tanto, el inicio de una posible relación de confianza y de ayuda se puede romper fácilmente.

Estos aspectos –demanda frágil de la persona con trastorno psicótico, demanda desajustada a sus posibilidades reales, acercamiento tímido a la red de salud mental– se deben tener en cuenta para entender el gran esfuerzo por parte de esta persona para dar un paso hacia delante, un paso hacia la salud. Y los profesionales tienen que saber detectarlos, captarlos y retomarlos para no dejar a la deriva estos pequeños – o grandes – pasos que la paciente ha conseguido dar.

Interdisciplinariedad y trabajo en equipo, dos modelos de trabajo en construcción permanente. Por lo tanto, se llevó a una reunión de equipo este caso y todo el mundo decidió que la trabajadora social hiciera una visita a domicilio para intentar recuperar a Eugènia en el proceso de tratamiento desde el centro de salud mental. También se estableció durante una reunión de equipo la necesidad de que la enfermera se pusiera en contacto con la enfermera de atención primaria para saber si conocían el caso, o si hacía años que se habían desvinculado.

Así pues, por una parte, la trabajadora social llamó por teléfono al domicilio, pero nadie respondió. Optó entonces por desplazarse hasta su casa y llamar a la puerta. Nadie respondió. Dejó una nota que decía: "Soy la trabajadora social, cuando puedas, llámame". Dejar una nota es dejar constancia de que has estado allí, al otro lado de la puerta del domicilio familiar. Sabes y entiendes que es difícil ponerse en contacto con el centro de salud mental porque, por ahora, no han atendido la demanda que la paciente les hacía de encontrar trabajo para poder mantener a su madre. Paralelamente, la llamada telefónica al centro de salud se convirtió en una primera reunión de coordinación entre las trabajadoras sociales y las enfermeras de los dos centros de salud: el de salud mental y el de atención primaria. No tenían constancia de ninguno de los miembros de esta familia, pero estaban dispuestos a acercarse al domicilio a hacer visitas diagnósticas conjuntas y a articular las estrategias necesarias para poder atender a esta familia.

Aquí es donde empezamos a diseñar el trabajo interdisciplinario básico para crear una red que sostenga el camino por donde tiene que transitar esta familia, de la que inicialmente sabemos poco, pero lo que sabemos nos hace pensar que tendremos que articular a muchos profesionales de diferentes disciplinas. Diferentes profesionales, cada uno de los cuales tendrá que trabajar desde su espacio profesional con una mirada abierta y acogedora hacia la actuación del resto de profesionales, rescatando siempre las necesidades de la familia como centro y objeto de la atención interdisciplinar. Habrá que articular una orquesta perfectamente sincronizada para que toque al ritmo y con la armonía que permita ayudar la familia.

Eugènia llamó al centro de salud mental. "Me han dicho que llame", le dijo a la administrativa del centro de salud mental. Pasaron la llamada a la trabajadora social y ambas acordaron un día de visita en el domicilio particular. Esta vez abrieron la puerta. La puerta de un piso grande, cerrado a la luz exterior, con todas las persianas bajadas y la habitación de matrimonio cerrada desde hacía cinco años, cuando murió el padre de familia. Desde entonces, Encarna, de 67 años, con un diagnóstico antiguo de depresión mayor recurrente, había perdido toda relación social, había dejado de salir a la calle y, finalmente, desde hacía dos años, se pasaba prácticamente todo el día en la cama. Con una obesidad importante, decía tener diabetes que no controlaba nunca, piernas hinchadas, llagas importantes, malnutrición (café con leche y magdalenas constituían la alimentación habitual de las dos).

¿Por dónde empezar? Esa era la pregunta más importante para que la madre y la hija encontraran sentido a la demanda de trabajo y a la respuesta que se les había dado de hacer una visita a domicilio.

La entrevista se centró, sin embargo, en generar un clima de confianza y respeto por la situación familiar que estaban viviendo. Confianza hacia la trabajadora social que les dijo que, con su permiso y con la confidencialidad propia de cualquier profesión asistencial, tenía que ponerse en contacto con el área básica de salud, y que la enfermera y la trabajadora social pudieran visitarlas en casa para valorar el estado físico que presentaba. Confianza en que la demanda de trabajo que hacía Eugènia se transformaría en un proceso de entrevistas de valoración acerca de qué tipo de trabajo era el más adecuado en aquel momento de su vida.

Le estábamos hablando de un trabajo hacia la recuperación de todas las habilidades y capacidades posibles de recuperar. Seguro que la paciente se refería a un trabajo remunerado, de inserción social y laboral, y el equipo del centro de salud mental se refería a un trabajo personal de contactar con sus limitaciones y carencias y de las posibilidades de recuperar otras capacidades que aún no sabíamos si tenía, si estaban muy deterioradas o eran irrecuperables. Pero teníamos que trabajar en esa dirección. Eugènia dentro de su desconcierto, lo entendió y se dejó ayudar.

De nuevo, en reunión del equipo del centro de salud mental se valoró la necesidad de que tanto la madre como la hija tuvieran profesionales psiquiatras de referencia diferentes para que cada uno pudiera hacer todo el proceso diagnóstico de cada una de ellas, cuando fueran atendidas en el centro.

Eugènia, que manifestó de nuevo sus ganas de trabajar, aceptó la asistencia a un taller que se hacía en el centro de salud mental llamado "Vamos a trabajar". Este taller pretendía vincular a personas muy alejadas del pensamiento y del imaginario de todo aquel conjunto de hábitos que es necesario tener interiorizados y actualizados para iniciar un proceso de búsqueda de trabajo. Probablemente, este taller le ayudaría a descubrir que el primer servicio al que tenía que ir era al de rehabilitación comunitaria.

La relación de confianza que Eugènia depositó en la trabajadora social, agente dinamizador de muchos pequeños cambios en la vida de esta familia, permitió que fueran entrando, con el tiempo, otros profesionales en el domicilio. Paralelamente, la relación de confianza y complementariedad que iban desplegando entre sí los diferentes profesionales que entraban en juego, transmitían a Encarna y a Eugènia una visión de globalidad, de complementariedad y de integridad, aspectos todos ellos bastante deteriorados en un proceso de desestructuración familiar y de aislamiento social como el que estábamos trabajando.

Por lo tanto, vemos que la confianza básica que genera la posibilidad de crear el vínculo se establece tanto entre el usuario y los profesionales como entre estos últimos. Tiene que haber confianza inicial, y así el otro nos respetará, nos comprenderá, pondrá al servicio de nuestra intervención sus conocimientos y aceptará los nuestros para complementar su intervención.

En la interdisciplinariedad es básico mantener la horizontalidad, la complementariedad y la honestidad del saber. Cada profesional es especialista en una parte del todo y, por lo tanto, todas las partes son importantes. Si jerarquizamos los tipos de intervenciones profesionales, damos autoridad y poder a unos frente a otros, que inconscientemente apartamos.

Asimismo, para cultivar el vínculo en el trabajo interdisciplinario hace falta tiempo, confianza en el otro y respeto por su profesionalidad. Si los profesionales conseguimos relacionarnos con respeto y ayuda mutua, tejemos una malla de relaciones humanas y profesionales que transmitimos al paciente. Y este, a pesar de su gravedad o patología mental, percibe cohesión, entendimiento, ayuda, colaboración y coordinación.
La enfermera del área básica de salud hizo una visita domiciliaria y atendió a Encarna. Tenía unas llagas necrosadas y otras que urgían atención ambulatoria. Pedimos la ayuda de voluntarios a una asociación de gente mayor para que hicieran los primeros acompañamientos de Encarna al centro de atención primaria, puesto que la mujer necesitaba ayuda para vestirse, orientarse en la calle y desplazarse hasta el ambulatorio.

El itinerario –del latín *iter* (viaje o conjunto de caminos que constituyen el viaje)– que siguieron Encarna y Eugènia fueron muy diferentes. La edad y el estado físico y mental de una y otra diseñaron itinerarios diferentes con caminos propios para cada una de ellas que las conducían a necesidades totalmente diferentes que tenían que ser atendidas.

Los profesionales de las diversas disciplinas que atendieron a las dos mujeres –centro de atención primaria de salud, servicios sociales municipales, centro de salud mental, servicio de rehabilitación comunitaria, asociaciones de voluntarios…–, fueron convirtiéndose en pequeñas unidades de avituallamiento que alimentaban la motivación y disminuían los miedos a los cambios que podían surgir y dificultar la vinculación de las pacientes a alguno de los servicios. El vínculo es la herramienta básica a partir de la cual podemos generar los cambios. La confianza en el otro marca el camino, como las agujas marcan las horas en el reloj. El tiempo de intervención lo marca la persona atendida y los profesionales tienen que estar allí, rehaciendo ilusiones frustradas y reformulando demandas desajustadas. Toda una serie de acciones invisibles, pero presentes, prudentes pero existentes, para que el trabajo con las personas que sufren uno de los trastornos mentales más discapacitantes logre el éxito que puede llegar a tener.

El éxito de la intervención en el hogar: acompañamos, reconocemos, empoderamos

Detengámonos un momento y pensemos en este aspecto del éxito, la sabiduría, el poder y el empoderamiento. El ser humano es único y genuino. El profesional tiene una experiencia laboral y de historia de vida limitada, única, intransferible y también genuina. La persona que ha sufrido un brote psicótico, delirios auditivos, visuales, sensoriales, una pérdida de control de su realidad, ingresos hospitalarios, una rotura brutal de su proyecto de vida, la incomprensión familiar, miedo y la mala suerte de haber tenido la desdicha de descompensarse psicológica y emocionalmente, de una forma sumamente violenta para su integridad física y su identidad personal, tiene, a pesar de todo, el derecho y el deber de exigir que se le trate como a un ser humano único y genuino.

A menudo, los profesionales se pierden en la demagogia de hablar sobre cómo hay que trabajar, y actúan, justamente, al contrario. Hablan de autonomía y sobreprotegen al paciente; hablan de empoderamiento otorgándose la autoridad de dar poder al otro. ¿Dar o quitar poder? ¿Dar o quitar sabiduría? ¿Dar o quitar capacidades? ¿De qué estamos hablando?

Cuando se trata a una persona adulta con poco respeto, una persona que tiene un alto nivel de experiencia en el sufrimiento humano; cuando se la infantiliza y el profesional adopta el rol de sabio que conoce lo que el otro necesita; cuando se trabaja anulando el potencial humano y el respeto a los valores y a las creencias de la persona objeto de ayuda, se está alienando al ser humano, se le está desautorizando, incapacitando y colocando en un paradigma del que es difícil salir: te ayudo atrapándote en mi conocimiento.

Sobre la dignidad y la ética

Cuando se trata a una persona adulta con poco respeto, una persona que tiene un alto nivel de experiencia en el sufrimiento humano; cuando se la infantiliza y el profesional adopta el rol de sabio que conoce lo que el otro necesita; cuando se trabaja anulando el potencial humano y el respeto a los valores y a las creencias de la persona objeto de ayuda, se está alienando al ser humano, se le está desautorizando, incapacitando y colocando en un paradigma del que es difícil salir: te ayudo atrapándote en mi conocimiento.

Trabajar la relación de ayuda es trabajar sobre la dignidad y la ética, la honradez y la honestidad, la sabiduría y la coherencia, con la creencia de que el ser humano tiene capacidades, posibilidades, autoridad y legitimidad para orientar su vida. Los profesionales solo estamos a su lado por si necesita ayuda, ofrecerle diferentes caminos para que pueda decidir.

Trabajando desde la humildad de nuestros conocimientos y desde la igualdad como seres humanos, reconocemos el poder y las capacidades que tiene el otro. No hay que empoderar a quien ya tiene poder; no hay que autorizar a quien ya tiene autoridad. Quizá nuestra función profesional éticamente correcta es recordarle que ya la tiene.

Trabajar la relación de ayuda es trabajar sobre la dignidad y la ética, la honradez y la honestidad, la sabiduría y la coherencia, con la creencia de que el ser humano tiene capacidades, posibilidades, autoridad y legitimidad para orientar su vida. Los profesionales solo estamos a su lado por si necesita ayuda, ofrecerle diferentes caminos para que pueda decidir. Trabajando desde la humildad de nuestros conocimientos y desde la igualdad como seres humanos, reconocemos el poder y las capacidades que tiene el otro. No hay que empoderar a quien ya tiene poder; no hay que autorizar a quien ya tiene autoridad. Quizá nuestra función profesional éticamente correcta es recordarle que ya la tiene.

Incluso en los casos de graves enfermedades mentales u otras físicas a menudo más invalidantes –esclerosis múltiple, disfunciones cognitivas, discapacidades profundas...– con graves efectos deteriorantes de su capacidad volitiva. Incluso ante una incapacitación total del ser humano, incluso en este extremo, tenemos que trabajar pidiéndole opinión a la persona, solicitándole su parecer, dejando que se exprese como ser humano con derechos y deberes, a pesar de que el ejercicio de estos haya sido delegado en un tutor que, finalmente, sea quien debe decidir.

Si nuestro posicionamiento es de igualdad y de respeto al ser humano, no hay que empoderar a nadie. Se da por hecho que confiamos en el otro, en sus capacidades y en su poder de cambio. Y en este sentido, los profesionales del trabajo social y otras disciplinas guían los cambios que la persona pueda y quiera hacer para sentirse mejor consigo misma. No los autorizan. Sin embargo, no siempre las visitas a domicilio salen bien. Veamos...

Pedro acumulaba muebles de todo tipo y medida en una terraza de 120 metros de su piso de propiedad. Los vecinos habían hecho denuncias a la Guardia Urbana que finalmente acabaron en los servicios sociales municipales. Estos, respondiendo a una denuncia presentada en el juzgado, plantearon hacer una visita al domicilio para ver qué estaba pasando y resolvieron que se trataba de un caso de salud mental.

En colaboración con los servicios sociales hicimos otra visita conjunta al domicilio: las dos trabajadoras sociales, la de los servicios sociales municipales y la del centro de salud mental. Las miradas provocativas y amenazantes que nos lanzaba Pedro provocaron una situación incómoda para las profesionales. Miedo, intimidación y amenaza se podían percibir en el ambiente de la entrevista realizada en su domicilio. Cerró con llave, nos interceptó el paso en varias ocasiones en que quisimos marcharnos: él tenía miedo y lo proyectaba sobre nosotras.

No le pudimos ayudar. El juez y sus órdenes judiciales de desahucio hicieron el resto. No siempre la visita domiciliaria consigue los objetivos de trabajo que la originan y la plantean. Ahora bien, es una herramienta útil para acercarse al domicilio y saber si se puede trabajar o no con esa persona con enfermedad mental y articular otros dispositivos que puedan resolver la situación.

Conclusiones

Es necesario salir de los despachos para atender a las personas con trastorno mental grave y severo. Tenemos que acercarnos a ellas, estén en su hogar, en el parque, donde duermen o en la plazoleta donde toman el sol, para trabajar la relación de confianza básica para que vuelvan a vincularse a la red de salud mental y sobre todo, a la red de servicios sanitarios básicos y servicios comunitarios. Hay que trabajar con respeto hacia la persona y a la familia atendida; respeto a los profesionales que intervienen en todo un proceso de articulación del trabajo en equipo y del trabajo en red.

Es importante construir continuamente el trabajo en equipo y en red. Y el trabajo social tiene todos los recursos necesarios para poder liderar estos procesos, puesto que conoce las dinámicas de grupo, de gestión de emociones humanas y de las ansiedades que se desvelan en estos procesos humanos.

Es necesario poner énfasis en la experiencia que viven los profesionales de diferentes disciplinas en la gestión de las emociones humanas que se despiertan en la intervención en el hogar. Tanto por parte de la persona con trastorno mental severo como del profesional que se desplaza a trabajar al hogar de la persona afectada, ambos se encuentran en un espacio de alta sensibilidad de gestión emocional que hay que saber trabajar. Estos son algunos de los aspectos básicos que hay que tener en cuenta para conseguir cierto éxito en la intervención profesional.

Cristina Páez Cot

El impacto del diagnóstico entre los 16 y los 24 años. Una etapa de vital importancia para la persona

Introducción

"La ternura y el cariño que mostraban por mí los profesionales del centro de salud mental infanto-juvenil donde me trataban y también los del Servei de Prevenció a les Toxicomanies (SPOTT) de la Diputació de Barcelona, que por cierto, funciona muy bien; son muy buenos. Pero después, en el centro de salud mental de adultos, el trato era diferente, más frío y con cierto tono de culpa", nos decía una persona con trastorno bipolar y consumidora de tóxicos, durante su participación en una jornada sobre cronicidad (abril, 2014).

De todos es sabido que hay un vacío importante entre los 18 años, cuando se les da el alta en la red de salud mental infanto-juvenil, y los 24 o 25 años, cuando esas mismas personas vuelven a aparecer en la red de adultos. Actualmente, este conjunto de recursos se denomina, en Cataluña, red de salud mental y adicciones, la suma de la atención a las dos patologías, a pesar de que no hay la financiación económica necesaria para el tratamiento de las personas con estas dos patologías. Este es un problema largamente debatido entre los profesionales de ambas redes de servicios asistenciales, porque durante estos años la persona con un trastorno psicótico se deteriora gravemente y llega a la red de adultos con unos aspectos cognitivos, de memoria, relacionales y personales muy deteriorados y difíciles de recuperar. Además, la persona va adquiriendo una visión de ella misma de paciente crónico, sin ningún tipo de posibilidad de mejora. Y, al mismo tiempo, la familia se arraiga en un sentimiento de impotencia y frustración.

Un representante de la administración pública, consejero en aquel momento, y que también participaba en estas jornadas, decía: "tenemos que trabajar bien, tenemos que trabajar mejor; ahora sí, ahora no nos podemos equivocar, ahora tenemos que trabajar como es debido".

Me gustaría decir alto y claro que, desde hace muchos años, los profesionales de la salud mental –médicos de familia, pediatras, psiquiatras, psicólogos, enfermeros, trabajadores sociales…– trabajamos bien (con las excepciones propias de cualquier colectivo profesional); trabajamos con mucho interés en mejorar las disfunciones de un sistema administrativo lento, anacrónico y encorsetado. Por suerte, todavía hay profesionales a los que nos mueve la ilusión por seguir pensando, reflexionando y diseñando nuevos proyectos asistenciales reales y operativos destinados a resolver los problemas que diariamente nos encontramos en las consultas, en la calle, en las aulas y, no lo olvidemos, también en los domicilios.

Todavía hay muchos afectados que permanecen encerrados en sus casas porque la sintomatología negativa del trastorno psicótico –abulia, apatía, aislamiento, desmotivación, etcétera– erosiona el aparato psíquico de la persona y hace que se quede aislada y encerrada en casa. Esto, junto con los recortes de profesionales de programas especializados –TMS y PSI– diseñados específicamente para vincular a estas personas a los servicios de la red de salud mental, hace que el panorama sea decepcionante. A pesar de todo, nos esforzamos continuamente por trabajar bien, ya que somos conscientes y sabemos de primera mano el sufrimiento que comporta un trastorno mental o una adicción, tanto para la persona que lo sufre como para su familia.

Hace años que mejoramos nuestra práctica asistencial reinventando fórmulas de coordinación, no financiadas por la administración pública, que van más allá de las interconsultas. Hace años que mantenemos intacto, en los territorios donde hay tradición de hacerlo, el trabajo en equipo entre servicios sociales, servicios de atención primaria de salud, enseñanza y justicia. Diferentes equipamientos de un mismo circuito asistencial se reúnen periódicamente para dar cohesión y coherencia al tratamiento ofrecido a la persona afectada asegurando, así, la continuidad asistencial.

Difícil articulación entre red infantil y de adultos

"Todo el mundo sabe que de los 18 a los 24 años perdemos a los pacientes para reencontrarlos después en condiciones mucho más deterioradas de lo que deberíamos, y nadie hace nada", me decía una profesional del antiguo equipo EAPP (Equip d'Atenció y Prevenció a la Psicosis) que atendía a niños/as, chicos/as con alto riesgo de sufrir descompensación psicótica y que hacía un trabajo individual y familiar para intentar detectar y tratar lo mejor posible a población preadolescente, adolescente y joven antes de que apareciera la psicosis. Un equipo que hacía verdadera prevención de la salud mental y que hace dos años la *Conselleria* de Salud disolvió, aprovechando la jubilación de su coordinador.

Todos lo saben y no hacen nada. O lo que es peor, abortan los programas que trabajan con calidad asistencial, que previenen la aparición de la psicosis y que ahorran gran cantidad de sufrimiento humano, de farmacología y de gasto económico. Hay un vacío asistencial que los profesionales interesados en prevenir el deterioro cognitivo y relacional que sufre la persona con un trastorno psicótico no conseguimos resolver sin que se produzcan rupturas, desapariciones y reencuentros tardíos.

Y no nos olvidemos de la familia. Los padres, con una media de 45-48 años, que han sido atendidos hasta ahora en la red infanto-juvenil –en grupos de padres, en entrevistas familiares o de pareja– para ayudarles a entender lo que le está sucediendo a su hijo, cuando llegan a la red de salud mental de adultos, se tienen que adaptar a otro tipo de trato y de tratamientos.

El niño no tiene la culpa de ser inquieto o no tener la atención y concentración que en clase se le pide; ni de deprimirse ante una situación de violencia familiar entre sus padres. Al niño tenemos que ayudarle. Y por eso necesitamos la presencia de su red familiar, social y escolar, de atención primaria y, si es necesario, también de justicia. Todos tenemos un mismo interés: proteger la salud mental de esa criatura. El centro de atención es el niño y su salud mental.

De repente, 8 o 10 años más tarde, estos mismos padres, con una media de edad de 53-56 años, más cansados, confundidos y desesperados por la conciencia que han ido tomando del problema que tiene su hijo, llegan a la red de salud mental de adultos donde reciben un mensaje diferente. No se les dice directamente, pero escuchan cosas como: "si su hijo no viene, no le podemos atender", "no pueden pasar a la entrevista si el paciente no quiere, es mayor de edad y él decide", "si no se quiere tomar la medicación, no podemos hacer nada, es una persona adulta"… Y tenemos razón cuando decimos esto porque ciertamente tenemos que proteger los derechos y la confidencialidad del ciudadano. Pero quizá estamos desaprovechando recursos personales y familiares de ayuda y contención, información de los padres que podríamos gestionar, angustias que tendríamos que calmar, estados de desánimo familiar que deberíamos analizar y dotar de significado, desesperanza que se podría traducir en posibilidades de cambio y mejora del núcleo familiar.

Ahora bien, para eso es necesario escuchar, tener tiempo para que la persona se explique y el profesional la entienda... Los padres, preocupados por lo que ven en casa, porque el chico/a no se toma la medicación, no sale de la habitación o dice cosas raras, se ven alejados del sistema sanitario. Este prioriza la atención individual de la persona diagnosticada. ¿Qué pasa? ¿Qué falla? ¿Qué hacemos mal?

Hace años, en el 2014, la respuesta mágica estaba diseñada en el Pla Interdepartamental d'Atenció Social i Sanitària (PIAISS), un plan que se fundamenta en la mejora de la coordinación entre servicios y profesionales. Es decir, en la buena voluntad de los profesionales de trabajar de forma coordinada entre servicios de diferente dependencia jurídico-administrativa y tener una visión transversal de los problemas de salud mental de la población.

Ya hace años que muchos profesionales del ámbito de la salud mental trabajamos con plena conciencia de la necesidad de mantener ciertos aspectos conceptuales del modelo asistencial que vela por la continuidad de la atención de la persona en su entorno comunitario, como son el trabajo en equipo, el trabajo en red con otros dispositivos del ámbito sanitario, justicia, enseñanza u otras, diseñando intervenciones flexibles que nos acerquen a las necesidades de la persona y que nos permitan acompañarla en la investigación de sus propias soluciones.

En los casos en que este modelo asistencial se ve truncado y frustra los proyectos de intervención individuales se debe, en muchas ocasiones, a la falta de acuerdo con la administración pública. La carencia de presupuesto económico, la falta de creatividad y voluntad práctica para resolver situaciones provocadas por el laberinto burocrático, el enquistamiento institucional o el inmovilismo funcionarial son algunas de las causas que pueden entorpecer mucho la mejora de la persona y de su proyecto vital.

Más allá de planes interdepartamentales, apuesto plenamente por los planes que llevamos a cabo cada día cada uno de nosotros, los profesionales de primera línea que atendemos diariamente a personas que sufren y que hacemos de nuestra actividad profesional, en equipo y en red, un plan interdepartamental entre diferentes departamentos. El de las emociones humanas, el de los deseos personales, el de los fracasos individuales, el de las frustraciones generacionales, el de la dignidad y los valores humanos y el de las utopías profesionales para trabajar mejor y con mayor calidad asistencial. Ninguno de estos departamentos recibe financiación económica por parte de la administración pública. Afortunadamente, porque entonces, quizá también estarían en manos de votos, elecciones y poder.
Sigo preguntándome qué podemos hacer con esta franja de población conocida, atendida, perdida y reencontrada más tarde con más años y en peores condiciones psíquicas, físicas, anímicas, relacionales, formativas, productivas, humanas y personales.

Ahora, según las líneas de intervención 2017-2020, la respuesta adecuada está diseñada en el Pla de Atención Integral a la persona con trastorno mental y adicciones.
"No todas las formas de psicosis son graves, crónicas y deteriorantes" dice la Dra. Barrantes. Por lo tanto, detectar a

tiempo señales de alarma –como por ejemplo el aislamiento progresivo o hablar reiteradamente de preocupaciones que antes no existian – y colaborar para que se realice una interconsulta a los profesionales de salud o salud mental pueden ser instrumentos de alto valor efectivo de cara a la prevención.

Los proyectos científicos punteros trabajan en determinar y conocer cómo incide el tiempo llamado "psicosis no tratada" tanto en el cerebro, en el registro emocional como en la capacidad de adaptación al entorno así como también trabajan para conocer y determinar qué efectos son más estables y cuales son más reversibles. Por ello, las prioridades esenciales actuales son:

- Definir indicadores fiables de síntomas psicóticos poco aparentes pero incipientes y que predigan continuidad.
- Entender su relación con la fisiología , la psicología y seguir su evolución a largo plazo para entender los diferentes estadios de la psicosis.

Y las líneas innovadoras sociales y comunitarias siguen siendo las de trabajar los procesos individuales y familiares que ayuden al joven y a su familiares a entender el trastorno mental y saber que aspectos relacionales, académicos, formativos y laborales tienen que seguir manteniendo sanos y activos con el objetivo de que el deterioro sea el más insignificante posible.

Pérdidas y duelos ante un diagnóstico impactante

Hay algo que nadie aborda, o lo hace de pasada: el proceso de duelo por haber perdido la salud física o mental y por el deterioro personal que provoca un trastorno mental grave. El dolor físico hace daño; cada uno de nosotros tiene un nivel sostenible de dolor e incluso hay aparatos que lo pueden medir. El dolor emocional es interno, invisible, profundo, abstracto, etéreo, difícil de explicar y de conectar con emociones y hechos reales y concretos que nos ayuden a entenderlo y comprenderlo. La sociedad occidental intenta menospreciarlo porque la debilidad humana molesta, intenta que pase desapercibido, aunque se materialice en bajas médicas por razones psicosomáticas; ignora el dolor porque vivimos en un momento histórico en que la inmediatez del deseo y la rapidez del vivir prevalecen sobre la escucha, la espera y la propia relación humana.

Cuando una persona con un recorrido de varios años por diferentes servicios de salud mental es finalmente diagnosticada de esquizofrenia paranoide, trastorno bipolar con trastorno de angustia, trastorno obsesivo compulsivo, trastorno de agorafobia con rasgos esquizoides, trastorno esquizoafectivo con inteligencia límite, esquizofrenia indiferenciada con retraso mental leve, trastorno psicótico orgánico por consumo de tóxicos, etc., esa persona no solo recibe un diagnóstico sino también una etiqueta, una sentencia, una condena. Pierde una joya valiosa: la salud.

Pero cuando lo que se pierde es la salud mental, se pierde el rumbo. La brújula de la vida queda afectada profundamente. La pérdida de la salud mental es uno de los procesos más dolorosos que puede sufrir la persona. Nunca más vuelve a ser considerada como antes del diagnóstico, nunca más se valoran sus opiniones como antes del diagnóstico, nunca más vuelve a tener en su familia el lugar que tenía antes del diagnóstico, nunca más vuelve a tener el reconocimiento de los amigos como antes ni vuelve a tener las posibilidades que habría tenido en la sociedad, en el mundo formativo, académico y laboral, como antes del diagnóstico.

El diagnóstico es importante, pero no determinante. Clarifica, tranquiliza y orienta tratamientos médicos y psicosociales. Finalmente, sabemos qué tiene el paciente. Pero el diagnóstico también puede ser utilizado como coraza última en la que esconderse, como etiqueta o tarjeta de presentación. El diagnóstico puede delimitar para siempre, minizar posibilidades para siempre.

Cuántasvecesescuchamosdecir"soyesquizofrénico", identificando la esencia del ser humano con un diagnóstico diferencial médico determinado por un conjunto de estadistas norteamericanos, con el objetivo de organizar enfermedades, trastornos y síndromes y encargar a la poderosa industria farmacéutica los fármacos adecuados. Nada más: es solo un diagnóstico. El reduccionismo toma unas dimensiones tan elevadas porque el dolor que hay tras él, es inmenso. El dolor que supone la pérdida de la salud mental, de la brújula que da rumbo a la vida, es un dolor potente, profundo, callado y escondido. Es un dolor compartido en el ámbito familiar, pero vivido de forma diferente por cada uno de sus miembros. Y, a menudo, este sufrimiento familiar no es atendido por nadie.

Ante una pérdida tan importante, la red, que se llama así porque tendría que recoger y acoger a las personas atendidas, permite que se desvanezcan por los agujeros de la propia malla y las deja solas, a la deriva. Impactadas por un diagnóstico de difícil comprensión, familia y enfermo se quedan solos y asustados. Las diferentes redes no son capaces de recogerlos, acogerlos, defenderlos, fortalecerlos y hacerlos capaces de asumir esta nueva situación vital.

La familia que ha recibido el impacto de un diagnóstico grave y de pronóstico decepcionante, en estas fases que serían las propias de un proceso de duelo, se queda sola. Y lógicamente, el ser humano, ante la amenaza, responde con miedo y huye. Es algo instintivo y ancestral: ante el miedo, huimos.

"Sufre de los nervios", me decía la madre de un chico de 27 años, en la entrevista de acogida en el centro de salud mental de adultos, al entregarme un informe del alta de un proceso de ingreso psiquiátrico que había durado tres meses y en el que decía: "esquizofrenia paranoide".

Se lo leo y le pregunto si sabe qué quiere decir. Desde el trabajo social, hay que ayudar a la persona a hacer frente a la realidad que le ha tocado vivir. Explicarle qué quiere decir ese diagnóstico, qué aspectos relacionales cree que tienen que ver con la actitud y el comportamiento de su hijo, darle la importancia que tiene al tratamiento farmacológico indicado. Pero también existe la necesidad de que retome lo antes posible las actividades que hacía y de que vuelva a llevar una vida cuanto más normalizada mejor.

Se trata de ayudar a la madre y al hijo a contactar con la realidad del trastorno psicótico. Si lo comprenden y lo entienden pueden evitar recaídas y, por lo tanto, prevenir el deterioro y el aislamiento del hijo. "Hace años que no está bien, tenía depresión, los nervios... Fuimos a varios médicos privados, pero nada, hasta que ingresó", explica la madre. De hecho, la familia solo buscaba la confirmación de que estaba nervioso, de que eran problemas de la edad y estaba pasando una mala época.

Quizá ningún médico de la sanidad privada tuvo la oportunidad de acabar de hacer un buen diagnóstico diferencial y precisar la medicación. Quizá tampoco consiguió explicarle a la madre que la sintomatología que presentaba su hijo estaba más cerca de un trastorno psicótico que de un trastorno depresivo. A menudo la familia consulta una o dos veces y, si el diagnóstico no les gusta, se va a otro médico que les diga lo que quiere oír. Están haciendo su proceso de duelo. Saben, pero no quieren aceptar, que algo grave le está sucediendo a su hijo. Saben, pero no están preparados para escuchar el diagnóstico del trastorno que sufre. Están haciendo un duelo ellos solos, desorientados, asustados y, lo que resulta más difícil de trabajar profesionalmente, negando la evidencia. Y, a partir del ingreso hospitalario por un proceso de descompensación psicótica, la evidencia les acerca a los aspectos reales de la enfermedad, por lo que tienen que aceptar la dureza de una realidad con la que tendrán que vivir.

Acompañar emocionalmente el proceso de duelo

Isca-Salberger nos dice: "las pérdidas se suceden continuamente en la vida; hay pérdidas cuando el bebé deja el pecho de la madre y se alimenta con biberón, hay pérdidas cuando la madre deja

Acompañar procesos de vida

Toda pérdida supone un proceso de duelo, un sentimiento de tristeza por aquello que se va o desaparece, hasta que lo aceptamos y nos adaptamos a una nueva realidad. Aun así, no todas las pérdidas tienen el mismo valor ni son igual de significativas y trascendentales para la persona. No es lo mismo las pérdidas emocionales que supone un proceso de migración que las pérdidas vividas por una ruptura de pareja, o las que tiene que asumir la persona que pierde a un hijo o sufre un accidente y queda gravemente afectado física y cognitivamente. Pero todo proceso de duelo lleva intrínseco un tiempo y un trabajo emocional.

En el supuesto que nos ocupa, cuando se pierde tan brutalmente la salud con la aparición de un trastorno psicótico, las pérdidas físicas y emocionales que se sienten son duras y desgarradoras. La tristeza pasa a teñirse de un gran dolor profundo que hace muy complicado que se encuentre la satisfacción en una nueva forma de vida que pivota sobre el hecho de sufrir una esquizofrenia u otro trastorno psicótico. La persona diagnosticada tiene que hacer un proceso de duelo que se alarga y se mantiene durante toda la vida.

de amamantar ". De hecho, hay pérdidas cuando la persona en la vejez pierde la salud,capacidades físicas, psíquicas, de rol social, liderazgo laboral, funciones básicas en la familia, etc.

Puede admitir la enfermedad, puede admitir la necesidad de tomar medicación, puede admitir que tendrá que someterse a controles psiquiátricos durante muchos años. Pero es difícil admitir, a medida que llegan las limitaciones, que no puede estudiar porque no se concentra, que quizá no podrá trabajar porque no tiene una preparación específica para un empleo remunerado. Que los amigos desaparecen porque también a ellos los cuesta admitir que a una persona joven, como ellos, le haya pasado algo tan grave y aún poco comprendido como es el diagnóstico y el pronóstico de un problema de salud mental.

Es complicado admitir que quizá puede trabajar, pero que tendrá que ser junto a personas diagnosticadas de trastorno mental o tendrá que hacer jornadas laborales reducidas. Es doloroso aceptar que si quería tener hijos, no podrá porque no tiene ni amigos ni pareja con quién tenerlos; es doloroso admitir que con la prestación económica no contributiva nunca podrá independizarse del domicilio familiar.

Es doloroso, y realmente al profesional se le encoge el alma cuando escucha palabras como estas: "Sé que nunca volveré a ser el mismo: jugaba a básquet, estudiaba informática, sacaba buenas notas, salía de fiesta, tenía novia... Y mira ahora". Y miras. Y lo que ves es a un chico joven, de 37 años, con una gran obesidad, triste, desesperado por un futuro sin proyectos, sin ilusión, que pasó por un tratamiento de hospital de día, que se mantiene compensado en su sintomatología psiquiátrica y que ahora cuida de su madre que, con 69 años, ha empezado a presentar los primeros síntomas de un proceso de Alzheimer.

Caen muchas lágrimas por el camino; lágrimas de dolor, por aquello que fue y que no volverá; lágrimas de miedo, por el futuro incierto que no sabe cómo será; lágrimas de impotencia, porque se pregunta por qué le ha tocado a él y no a otro hermano... Y hay que hablar y poner palabras a esas lágrimas; hay que hablar de las pérdidas para poderlas contextualizar y conseguir entenderlas; hay que hablar de las frustraciones para situarlas en el mundo interno de la persona; hay que hablar de las ilusiones imposibles para saber qué se ha llevado la enfermedad y qué depende de otras variables. Hay que hablar de los aspectos que la persona siente como perdidos y que no son los mismos para todo el mundo.

"Al final, mi hermana tiene la tutela", me decía Paco, triste y resignado porque él, con 43 años, no ha sabido demostrar que podía y sabía gestionar el dinero de su pensión. Paco es un hombre altamente responsable, que sufrió un brote psicótico hace muchos años y sigue rigurosamente el tratamiento médico pautado. No trabaja, nunca lo ha hecho, pero frecuenta diferentes servicios y programas de ocio y tiene bastantes relaciones sociales y amistades. A pesar de todo, Paco se siente triste y dependiente de su hermana, que cada semana le gestiona el dinero. Pero gracias a esto, Paco puede vivir de manera independiente, en su propia casa, ya que la buena gestión económica encargada a su hermana, le permite no tener deudas con los bancos. Sin embargo, para Paco, que su hermana le gestione el dinero es una deshonra porque se siente como un niño pequeño, enfermo e impotente. Aquí aparecen las primeras pérdidas y la aceptación de una nueva realidad que le hace más fuerte, a pesar de que todavía solo ve aquello que ha perdido y no las ventajas de la nueva situación.

"Espera, las voces me hablan y no puedo seguirte, un momento", me dice Isabel, una chica de 23 años con la que estamos trabajando su incorporación a un curso de formación de adultos que le permita obtener el Graduado Escolar. Isabel sigue el tratamiento farmacológico, pero algunas veces nos encontramos con pacientes con delirios que no conseguimos que remitan del todo. Y en ciertos momentos de presión o de estrés o que la persona vive con angustia y ansiedad, como puede ser una entrevista con la trabajadora social del centro de salud mental de adultos para encontrar una academia donde estudiar y sacarse el graduado escolar, las voces vuelven a aparecer.

Isabel hace un doble esfuerzo: mantener su motivación para estudiar y calmarse para no "oír voces". Trabajamos con ella mensualmente para ir tratando todos los aspectos del proceso de luto. Isabel y su madre consiguieron creer más en las capacidades que en las limitaciones. La trabajadora social del centro de salud mental y su psiquiatra las acompañaron mensualmente durante tres años. Durante este tratamiento psicosocial y farmacológico, el objetivo era que Isabel pudiera expresar las dificultades que tenía para ir a clase puntualmente, para relacionarse con la gente del aula y asistir diariamente a la escuela. Sentía que la miraban, y era evidente que la miraban porque su aspecto descuidado y desordenado llamaba la atención. Le propusimos que hablara de su enfermedad con la tutora para que la ayudara a integrarse mejor en el aula. Encontramos a una persona sensible que lo entendió, lo hizo y estableció con el centro de salud mental una buena relación de colaboración.

Nos informaba puntualmente de las carencias, dificultades y limitaciones que presentaba Isabel y de qué capacidades y posibilidades le veía. Al cabo de tres años consiguió obtener el graduado escolar. Isabel, en estos tres años, dejó muchas veces de ir a clase, estuvo ingresada 15 días, lloró y se desanimó. Pero, acompañada por la profesora, su madre y los profesionales, fue comprobando que tenía capacidades para sacar adelante una primera titulación académica.

Aun así, la titulación personal más importante que consiguió Isabel es la que se otorgó ella misma cada día, apaciguando las voces y, con compromiso y constancia, consiguiendo asistir a clase. Superar las amenazas que la vida te pone delante y comprobar que se tienen capacidades personales y posibilidades para rehacerse son las premisas básicas que debemos transmitir a las familias que tienen a una persona afectada por un trastorno mental severo.

Desde el trabajo social en salud mental, apuntamos y abogamos por las capacidades de fortaleza de las personas diagnosticadas, porque la sintomatología propia de ciertos trastornos mentales ya se ocupan de deteriorar con fuerza aspectos cognitivos, intelectuales y emocionales del aparato psíquico del ser humano. Con la madre de Isabel también diseñamos una estrategia de intervención psicosocial. Triste, pero no deprimida clínicamente, había que ofrecerle un espacio de escucha donde ella pudiera expresar su dolor como madre. Tenía otros hijos sanos y se preguntaba por qué esta hija tenía que sufrir tanto. Se preguntaba qué había hecho mal, en qué se había equivocado, qué podía hacer para ayudarla.

Es necesario un espacio para hablar del sentimiento de culpa que siente como madre por haber tenido una hija que sufre una esquizofrenia; que salga la culpa demoledora que lleva a la persona a mantener actitudes sacrificadas que la abocan a la anulación de su propia identidad.

Es necesario hablar de que perder la salud mental es una pérdida importante; que los padres reaccionan de formas diferentes; que, a menudo, uno y otro se sienten solos; que los hermanos también sufren porque, por una parte, sienten que la atención se centra en uno de ellos, quedando los demás un poco olvidados, y por otra, sienten tristeza hacia el hermano enfermo. Todos sufren.

Es necesario hablar de que las emociones por las pérdidas vividas son procesos normales del ser humano, propios de la vida. Hay que pasar, transitar por los sentimientos que nos provocan, llorar las penas y brindar por las alegrías. Hay que normalizar la tristeza, la rabia, el miedo, la impotencia, la frustración, la indignación y la compasión como sentimientos propios del ser humano que entran en juego en el vivir de la propia vida.

La red, ¿acoge o enreda?

Decíamos al inicio del capítulo que desde los servicios de salud mental infanto-juvenil se entiende que el niño no es culpable de sufrir un trastorno de ansiedad o de presentar síntomas de un alto riesgo de descompensación psicótica. Aun así, cuando llegan a los servicios de salud mental de adultos, no solo se les responsabiliza de la enfermedad que sufren, sino que además se les pide que lo acepten totalmente, como si de una gripe se tratara.

A veces, los profesionales de la salud mental perdemos de vista lo alejados que estamos del imaginario de la persona y de la sociedad. Es decir, podemos ir con normalidad a la consulta de cualquier médico especialista, pero no a la del psiquiatra. Cada vez está más normalizado hacer una consulta diagnóstica, de orientación e información, una consulta de pareja, de padres, etc., al psicólogo, pero no al psiquiatra. Y, a menudo, los profesionales de la salud mental olvidamos las dificultades que las personas, niños, jóvenes, familias tienen para llegar a nuestras consultas y entender el funcionamiento de los diferentes servicios de salud mental ya que, por su especificidad, son totalmente diferentes al funcionamiento de otras especialidades como ginecología, traumatología, oncología o cardiología.

Centro de salud mental, hospital de día, servicio de rehabilitación comunitaria, comunidad terapéutica, etcétera, constituyen un enredo de nombres y servicios que, desde fuera, no se entiende a qué se dedican y cómo les pueden ayudar. Por lo tanto, ante el desconocimiento, se alejan. A menudo, perdemos de vista que a los niños les cuesta entender por qué van al psicólogo, y se lo ocultan a sus amigos. Solo lo explican si son tratamientos claros y concretos, como ir al logopeda porque se sufre dislexia o dificultad de comprensión lectora.

A los jóvenes les resulta difícil llegar a la consulta del psicólogo, pero mucho más ir al psiquiatra. Hay mucho sufrimiento enquistado en el mundo interno de los jóvenes que sufren un largo fracaso escolar, con pérdida de amigos, y que quizá se acercan al mundo de las drogas y de sus proveedores. Se inician en conductas sexuales de alto riesgo, se encierran en su habitación, dejan de compartir sus inquietudes con los padres, hermanos y familia porque sufren una serie de sensaciones sensoperceptivas y corporales muy difíciles de explicar y para las que es complicado encontrar una salida.

Con 19, 20 o 21 años, hay padres que se ven totalmente impotentes ante la actitud fría y distante de sus hijos. Es frecuente que, además, los padres se confundan con aspectos y actitudes propias de la edad. Es muy complicado saber en estas edades cuándo hay actitudes susceptibles de ser consultadas a un especialista o cuándo son reacciones propias del momento vital que aquel joven está viviendo. Cambios corporales, de amistades, entrada en la universidad o ciclos superiores, primeras relaciones sentimentales, primeras experiencias sexuales... Un innumerable conjunto de situaciones relacionales nuevas y diferentes que los jóvenes se pueden encontrar y cuya interacción puede provocar reacciones más patológicas cuando hablamos de jóvenes en riesgo, frágiles y con síntomas prodrómicos, que empiezan a emerger y que pueden acabar derivando en un brote psicótico.

Los padres pueden estar atentos, pero su función es la de ser padres, no médicos, ni psicólogos ni psiquiatras. Y estas figuras profesionales siguen estando lejos en el imaginario colectivo y siguen siendo de difícil acceso. Hay un vacío asistencial importante. Sobre todo, hay una gran carencia de plasticidad y creatividad en el sistema social y sanitario y entre los profesionales de la salud mental. El sistema ha sufrido y sigue sufriendo recortes financieros importantes que están amenazando la calidad asistencial, y los profesionales tanto del ámbito sanitario como social suelen parapetarse tras la mesa del despacho, tras la agenda apretada de visitas y la falsa excusa de que "no hay demanda".

En otros países, como Inglaterra, fruto de la crisis económica que sufrieron hace unos años, vendieron los edificios donde estaban instalados los servicios de salud mental y los profesionales se vieron obligados a visitar a las familias en su domicilio. Y el resultado fue que evitaron un porcentaje muy importante de aparición de primeros brotes psicóticos porque iban a casa de las familias, detectaban al joven en riesgo y hacían el seguimiento de su evolución desde el domicilio.

Gráinne Faddem, directora del Programa Familiar Meridien Mental Health de la Universidad de Birminghan, nos explicaba en las III Jornadas Técnicas Internacionales sobre la Atención Integral a la Psicosis, celebradas en Badalona en el 2014, que en este contexto domiciliario los profesionales son bien recibidos y muy bien aceptados. Hacen prevención y evitan el sufrimiento gratuito de padres, madres, y hermanos. Todos pueden hablar y todos pueden llorar; todos pueden escuchar al profesional que los atiende; todos pueden sentirse incluidos en el tratamiento de sus dificultades y de su sufrimiento, y todos pueden encontrar nuevas soluciones en la situación vivida, porque hay estrategias múltiples y variadas para cada uno.

Por lo tanto, está claro que la proximidad y el interés por el otro es una solución al sufrimiento de la familia que se siente sola con un joven en riesgo de descompensación psicótica. ¿Será, entonces, que la red sanitaria de la que hablábamos inicialmente solo acoge y atiende a una franja de población que la conoce y sabe para qué sirve, dejando al resto de la población hecha un lío en mitad de una terminología desconocida, intervenciones poco comprendidas y circuitos sanitarios difíciles de seguir? Es necesario que reflexionemos; hay que detenerse y pensar qué pasa y qué nos pasa, por qué no llegamos a jóvenes en riesgo de descompensación psicótica y a sus familias y educadores.

Cómo conseguir la continuidad asistencial

¿Qué podríamos hacer para que este vacío asistencial que existe desde la creación de las dos redes de salud mental en los años

80 del siglo pasado, de atención a la infancia, a la juventud y a los adultos, tenga realmente una continuidad que ayude a estas familias? Es una franja de población que, después de unos años, reaparece con un deterioro personal y familiar tan importante, que el coste económico es elevadísimo; frecuentan los servicios de urgencia, ingresan puntualmente para ajustar medicaciones, son importantes consumidores de farmacología antipsicótica, ansiolítica y otras, deambulan por los diferentes servicios de la red de salud mental sin muchas expectativas de cambio y mejora. Se consigue la estabilización y compensación de la sintomatología psicótica, pero no que se adhieran a la red que los tiene que atender.

Ante el diagnóstico de una patología mental grave, todo el sistema sanitario queda atrapado en la sintomatología y la farmacología necesaria. Ante el impacto del diagnóstico, se queda bloqueado en las limitaciones y las pérdidas.

Acompañar en las pérdidas, acompañar mostrando lo que todavía está vivo y se puede recuperar, es acompañar en el proceso de duelo. Cerrar etapas, caminos transitados con cierta salud para descubrir otros que tendrán que andar acompañados por profesionales que los formen, los mediquen, les aconsejen, les den herramientas para vivir con calidad, con salud mental y con la fortaleza de quien se siente seguro, a pesar de la enfermedad, es la base para conseguir la continuidad asistencial de una red a otra. Para construir un camino, un continuum simbólico, en el que la palabra y la escucha, las emociones y los sentimientos, las pérdidas y las ganancias vividas en cada etapa del proceso vital tengan cabida, tengan un significado y constituyan los hilos que tejen la malla sólida y resistente que sedimente este proceso.

Este sería posiblemente el paradigma que conseguiría que todo el mundo se sintiera realmente atendido en las diferentes redes sociales y sanitarias reconocidas oficialmente. Las emociones y los sentimientos son universales, únicos e intransferibles, y la tarea profesional tendría que ir dirigida a facilitar la gestión de estas emociones pasando los testimonios de las vivencias recogidas de una red a la otra, hasta el final de la vida.

Conclusiones

Durante años, los profesionales hemos hablado de la necesidad de que la persona afectada tenga conciencia de su enfermedad, muchas veces sin darle herramientas suficientes para actuar en el momento en que toma consciencia de la magnitud del tipo de trastorno que padece y del posible deterioro que irá sufriendo.

Es necesario potenciar la conciencia de salud y dar a la persona, y a su familia, herramientas psicoeducativas que le ayuden a entender la enfermedad y las limitaciones que esta le puede ocasionar; la necesidad de tomar una medicación, los efectos secundarios que tendrá que combatir y, sobre todo, herramientas de educación emocional que le permitan detectar emociones negativas y rescatar las positivas, constructivas y orientadas a la vida, el goce y el placer.

Hay que sensibilizar los jóvenes en los trastornos mentales y en los problemas de adicciones con charlas y formación que les acerquen a este tipo de situaciones para empezar a introducir en el ámbito escolar los conceptos como sufrimiento emocional, enfermedad mental, esquizofrenia, salud mental y gestión de las emociones, entre otros, y perder el miedo a hablar.

Hay experiencias en ciertos barrios de Barcelona que han conseguido elevar a la categoría de crédito del programa lectivo de la escuela unas horas de sensibilización hacia la salud mental. Es un buen comienzo por lo que respecta al Departament d'Educació de la Generalitat de Catalunya.

Acercar a los jóvenes de 14 a 18 años a tener información clara y concreta sobre cómo el consumo habitual de cannabis multiplica por siete las posibilidades de sufrir un brote psicótico y cuáles son las consecuencias para toda la vida son estrategias que inciden directamente en aspectos de la prevención de la salud mental. Es necesario que las aulas esponjen sus contenidos y admitan la participación de profesionales externos especializados en salud mental, acompañados de personas con experiencia propia ya que su narrativa tiene un gran impacto sobre los jóvenes y la población en general.

Tendrían que llevarse a cabo experiencias estables en todas las escuelas catalanas –públicas, concertadas y privadas– en las que se impartiera educación secundaria, bachillerato y ciclos formativos, y que en las horas de tutoría entraran en el aula este tipo de experiencias más vivenciales. Conferencias y charlas informativas sobre los aspectos a tener en cuenta para preservar la salud mental, impartidas en la sede de los propios centros de salud mental infanto-juvenil y de adultos para que los conozcan, los pisen, vean la apariencia de las personas que están en la sala de espera, hablen y pregunten a psiquiatras, enfermeras y trabajadores sociales sobre su tarea.

Son experiencias de inclusión comunitaria, de conocimiento de los servicios que les pueden atender en su distrito, como ya se está haciendo en los cursos de segundo de ESO, en los que los chicos y chicas de 14 o 15 años visitan un centro de planificación familiar y conocen el espacio de la Tarda Jove, a la que pueden ir voluntariamente para ser atendidos sin necesidad de ir con sus padres. Son experiencias económicas que se pueden organizar fácilmente entre los servicios sanitarios de un distrito y sus centros educativos, y que consiguen acercar a profesionales y centros que pueden tratar y ayudar a una franja de población susceptible de sufrir ciertos tipos de trastornos mentales o sencillamente pasar por épocas de sufrimiento emocional. Son, todas ellas, fórmulas de un gran impacto sobre la prevención y la promoción de la salud mental.

Hay que crear un mundo donde las dificultades se conviertan en capacidades, donde las penas se conviertan en alegrías, donde los desamores se conviertan en otros amores, donde las injusticias lleven a construir una sociedad justa. Quizá para algunos sea una utopía. Pero para otros profesionales que trabajamos con el convencimiento de que todo es mejorable, posible y viable, "la utopía es solo una verdad prematura" (Eduardo Galeano, 2012)

Las madres, eternas cuidadoras. ¿De quién, de qué, hasta cuándo y porqué?

Introducción

Con motivo del Día Internacional de la Mujer, un medio de comunicación me planteó qué tratamiento mediático tenían las madres cuidadoras de personas con trastorno mental severo.

– Ninguno –dije–, permanecen invisibles entre la desdicha y el sufrimiento.

– ¿Podrías explicarte mejor? –me pidieron.

– Son invisibles como la enfermedad, de una media de edad elevada, cargan una losa importante de malestar, 'una relación de alta dependencia emocional' vivida como una desgracia que les ha tocado sufrir. Por lo tanto, nunca se han planteado quejarse porque saben que nadie las escuchará; nunca se han planteado claudicar porque saben que ningún otro miembro de la familia asumirá su rol; nunca se han planteado delegar porque la culpa, callada y soterrada, hiere y deja huella. Y nunca se borra. Y se carga con todo el malestar y con todos los problemas generados por la enfermedad de su hijo. Para siempre jamás.

La dureza de estas palabras, como trabajadora social, impactaron al periodista que me pidió si podía hacerle una explicación más larga sobre este tema. Y aquí la tenéis.

De qué hablamos cuando hablamos de "cuidar"

Cuidar, del latín *cogitare*, significa pensar, poner atención en la realización de algo. Asistir, curar y, en su versión pronominal, ocuparse de la propia salud, darse buena vida. Significado, este último, desconocido para la mayoría de madres cuidadoras de personas con dependencia. Cuidadora es quien hace de la tarea de cuidar una profesión, como comadrona es quien hace de la tarea de ayudar a traer a los niños al mundo una profesión, o sastre es quien hace de la tarea de coser una profesión. Y, por lo tanto, serán tareas reconocidas socialmente y remuneradas económicamente.

Pero cuando esto pasa en el seno del hogar, porque la dependencia de la persona a la que hay que atender se alarga en el tiempo y se cronifica para siempre, la tarea pasa a convertirse en una obligación. ¿Por qué se espera que sea la mujer la que se haga cargo? Hablamos de enfermedad crónica que genera dependencia. Esta palabra, crónica, tiene un doble significado: como sustantivo, se refiere a la descripción cronológica de unos hechos; como adjetivo, adopta un cariz penetrante y doloroso, es aquello que permanece para siempre, no tiene cura. Por lo tanto, nos encontramos ante un paradigma difícil de asumir: el de la mujer madre cuidadora de un familiar con una enfermedad que tiende a la cronicidad y que no tiene cura. Un vínculo emocional intenso que esclaviza a ambos, que genera relaciones de dependencia y iatrogenia relacional.

Una pincelada histórica sobre la mujer y el 'cuidado'

En la segunda mitad del siglo XX, en Europa occidental se produce un cambio de roles y funciones de la mujer de una manera discontinua y desigual, según las zonas y los diferentes países. A finales del siglo XIX, empieza a cambiar la idea de femineidad y, de rebote, de masculinidad. El gran cambio se produce entre finales del siglo XIX y principios del XX.

Antropólogas, filósofas, sociólogas y pensadoras cambiaron los paradigmas sostenidos hasta entonces por otros que dignificaban más la visión femenina. La misoginia, la mujer como ser incapaz de aportar nada a la polis ya se ve en Platón, Descartas o Sócrates.

A finales del siglo XIX, aparecen pensadoras y activistas que dicen que esta visión no tiene fundamento intelectual y que, por lo tanto, no es válida. Las mujeres, a finales del siglo XIX, estaban históricamente relegadas a las tres K, como decían los alemanes: Kind , Küche y Kirsche. Es decir, a la mujer se la consideraba como un ser que tenía que cuidar de los niños, alimentar a la familia e ir a la iglesia a rezar y confesarse.

Menciono la figura del confesor porque era una figura importante en el entorno de la mujer: escuchaba, acogía y daba indicaciones religiosas para que quedaran libres de pecado. Más allá de que estemos de acuerdo o no con esta figura y el rol que ejercía, es importante destacar el papel de contención social que hacía en aquella época. De la mujer no se esperaba nada más, tampoco se confiaba en que pudiera dar nada mejor, pero sí que quedaba claro que estos eran los lugares propios y adecuados en los que tenía que estar. Gilligan dice que la función relevante de la mujer es justamente "cuidar de los grupos vulnerables, niños, personas mayores, enfermos…" (Gilligan, 1980). Las feministas de segunda generación también estaban de acuerdo en que el cuidado es importante y básico para la supervivencia de la especie humana.

Durante los primeros años de vida del bebé, el contacto íntimo entre madre e hijo es fundamental para el desarrollo físico, psicológico y neurológico del pequeño. Somos una especie altricial, lo que significa que este contacto con el principal cuidador se convierte en una necesidad básica para el desarrollo óptimo del sistema nervioso. El ser humano es el único mamífero que tiene que ser cuidado durante años para poder llegar a ser autónomo y tener capacidad de supervivencia propia. El ser humano nace dependiente y muere dependiente. Necesita la ayuda del otro para socializarse y vivir. El cuidado es básico para ser y seguir siendo (Torralba del Pinar, 1989).

Es a principios del siglo XX cuando las sufragistas inglesas reivindican el derecho a votar para decidir quién tiene que mandar en la sociedad. Eran un grupo de mujeres que pretendían una utopía. En aquel momento, ni mujeres, ni extranjeros, ni inmigrantes, ni enfermos mentales, ni discapacitados, ni esclavos tenían derecho a voto. No tenían derecho a emitir su opinión. Poco a poco, aparecen mujeres en Francia (S. Beauvoir), Alemania (C. Zetkin), España (M. Zambrano) que empiezan a cuestionar el feminismo, el rol de la mujer en la sociedad y el rol del hombre. Lo hacen un tanto indignadas, lógicamente, como respuesta a la sumisión, la negación y la vejación que habían vivido hasta esa época. En el momento en que la mujer lucha por la posibilidad de pensar, expresarse y decidir, empiezan a surgir mujeres líderes en todos los ámbitos de la sociedad: filosófico, científico, empresarial, literario, etcétera.

Es en el último tercio del siglo XX cuando aparece en Europa la corriente de las ecofeministas, todavía hoy activas en EEUU, que entienden que la mujer tiene razón de ser por su capacidad de engendrar y dar vida, a diferencia del hombre, que está orientado hacia el intelecto. La capacidad y el poder que tiene la razón domina sobre el de la naturaleza. Esta argumentación explica que se considere a las mujeres inferiores a los hombres.

Pero ya en estos momentos, las feministas de segunda generación opinan que cuidar de los grupos de población vulnerable es algo indispensable, aunque no tiene por qué recaer toda la responsabilidad en la mujer. Proponen por primera vez la corresponsabilidad con el otro género, con el hombre, sabedor de cultura y portador de la razón. Aquí empiezan a chirriar de forma exponencial unos roles y otros. Roles y funciones maternas y paternas friccionan de tal manera que aún ahora, a principios del siglo XXI, hacen mucho ruido en países mediterráneos como Italia, Grecia y España, a la cola en el diseño de políticas de conciliación familiar.

La mujer, ubicada históricamente en el seno del hogar y en las funciones de cuidar de, se ha especializado en aspectos invisibles, silenciosos y desapercibidos relacionados con el funcionamiento familiar. La familia no deja de ser una empresa donde hay que gestionar bienes económicos y bienes emocionales. La mujer, doctorada en el ámbito familiar, se especializa en la crianza y educación de los hijos, a proporcionar bienestar al compañero masculino y a saber gestionar las fuentes de financiación familiar.

Si esta gestión es buena, la familia funciona correctamente. Sus miembros se sienten queridos, cuidados, potenciados y educados para conseguir autonomía e independencia relacional, física y emocional. La familia necesita una figura que dé estabilidad emocional, con presencia constante, que sea hábil en la comprensión de los sentimientos, en la gestión de las emociones y del equilibrio de la dinámica familiar. Una figura que relativice pasiones, potencie capacidades y valore a cada uno de sus miembros, que cuide de los gastos y del equilibrio económico. Y, además, que lo haga con autoridad, elegancia, ternura y discreción.

Toda esta riqueza y potencial emocional, intuitivo y secreto que ha desarrollado la mujer a lo largo de miles de años dentro del ámbito de la familia, es un bagaje de sabiduría generacional difícil de traspasar al hombre. Él tiene que ocuparse de salir al mundo laboral y social. En estos ámbitos recibe reconocimiento personal y económico, y se instala en esos espacios que le dan estatus y poder. Lógicamente, es difícil que el hombre se ocupe de mirar atrás, cuando fue cuidado por su madre y sus hermanas, y entienda que, entre otras cosas, gracias a aquel cuidado es quién es y está socialmente reconocido. Y difícilmente mostrará interés por asumir roles y funciones de cuidado y atención, por entender para atender, cuando estas son unas funciones básicamente de apoyo emocional que piden tiempo e interés por el otro y que no le reportarán ningún tipo de reconocimiento ni éxito social.

En 1948, la Declaración Universal de los Derechos Humanos, inicialmente llamada Declaración de los Derechos del Hombre y del Ciudadano (1789), abre las puertas a dos aspectos que harán que el papel de la mujer en los países occidentales dé un giro importante. La Declaración dice enel artículo 1 y 2: "Toda persona tiene los derechos y libertadas proclamados en esta Declaración, sin distinción alguna de raza, color, sexo, idioma, religión, opinión política o de cualquier otra índole, origen nacional o social, posición económica, nacimiento o cualquier otra condición".

Equidad e igualdad entre hombres y mujeres. Dos términos que promueven derechos y libertades: libertad de pensamiento, de acción y de decisión. Y con esta libertad de acción el término cuidar de empieza a desplegar sus acepciones hacia el diseño de formaciones primarias universitarias, donde se forma y capacita a hombres y mujeres para la realización de futuras profesiones. Muchas de estas profesiones tienen su origen en las acciones realizadas en el hogar: gobernar, planificar, enseñar, curar... Toda una serie de carreras y formaciones universitarias a las que empiezan a acceder las mujeres.

Las mujeres cuidadoras y su salud

Actualmente, desde el trabajo social en salud mental vemos que las madres cuidadoras de personas con trastorno mental severo de unos 45 años tienen en torno a 73 o 75 años. Si tenemos en cuenta que los trastornos psicóticos suelen iniciarse en la etapa de los 18 a los 24 años, se trata de mujeres que hace entre 21 y 27 años que están cuidando de su hijo enfermo.

En España, actualmente, tenemos una media de vida de 85 años para las mujeres y 80 años para los hombres (INE, 2014). De las mujeres de 65 a 74 años, un 20% sufren problemas de salud mental frente al 10% de hombres en esta misma franja de edad (IMSERSO, 2013). La tasa de discapacidad de mujeres mayores de 65 años es de un 17% frente al 14% de hombres, y cuando hablamos de las mujeres de 75 a 81 años, esta tasa se eleva hasta el 57% en las mujeres frente al 41% en los hombres (Observatorio de la Vejez, 2013).

Es evidente que el género es un factor diferenciador de la salud entre hombres y mujeres y, por lo tanto, hay que tener en cuenta las necesidades de este sexo y de este grupo de edad. Socialmente los problemas aumentan también con la edad. De las personas mayores de 65 años, el 77% de mujeres han enviudado y viven solas frente a un 22% de hombres que, al quedarse sin pareja, suelen buscar compañía estable y permanente.

Así pues, nos encontramos ante una situación en que mujeres mayores de 65 años, con una economía inferior a la del hombre –unos 9.000 euros brutos / año menos que el hombre–, solas porque han enviudado, en un 85% cuidadoras de personas con enfermedad mental, en un 20% con problemas de salud mental, además de otros propios de la edad –artrosis y otros problemas de huesos e hipertensión, son las enfermedades con más prevalencia en este sexo y en esta franja de edad– (Observatorio de la vejez, 2013), con problemas sociales de soledad o de sobrecarga familiar debido a los miembros de la familia con discapacidad, dibujan un panorama que reclama a gritos políticas de atención social y sanitaria específicas para este último tramo de la vida.

Las mujeres cuidadoras de personas con trastorno mental

Según la OMS, una discapacidad es toda restricción o ausencia (debido a una deficiencia) de la capacidad de realizar una actividad de la forma o dentro del margen que se considera normal para una persona.

El año 1981 fue proclamado por las Naciones Unidas Año Internacional de las Personas con Discapacidad con el objetivo de poner en marcha un plan de acción internacional dirigido a la equiparación de las oportunidades, la rehabilitación y la prevención de la discapacidad. El principal hito que se logró fue la formulación del Plan de Acción Mundial para las Personas con Discapacidad de las Naciones Unidas, en 1982, que hacía especial énfasis tanto en las mujeres con discapacidad como en las "mujeres cuidadoras" de personas con discapacidad.

El Estudio sobre el agravio comparativo de las personas con discapacidad (IMD,2004) respecto a todo el abanico de discapacidades existentes —física, intelectual, auditiva, visual y enfermedad mental– nos demuestra que los dos grupos más numerosos son los que están constituidos por las personas con discapacidad física y motora y las personas con enfermedad mental. De este último grupo, que es el colectivo que nos afecta, el 90% tiene un grado de discapacidad de entre el 33% y el 74%, es decir, una afectación en su vida cotidiana muy importante que genera una gran dependencia durante toda la vida de la persona cuidadora y que, según el mismo estudio, son en un 85% las madres de la persona afectada. Si tenemos en cuenta, como decíamos anteriormente, que este grupo de mujeres mayores de 65 años tienen una situación económica muy delicada, estamos ante un problema social de gran envergadura.

Aquí tenemos algunos datos actuales que producen escalofríos por la situación que describen:

– El 26% no pueden plantearse trabajar.
– El 11,5% han dejado el trabajo.

– El 36% cambian de actividad laboral para adaptarse a las necesidades de la situación familiar.
– El 12,4% se han visto obligadas a reducir la jornada laboral.
– El 51,2% manifiestan estar cansadas.
– El 31,2% tienen un diagnóstico de depresión.
– El 64,1% han reducido su tiempo de ocio para atender las demandas del hijoafectado.
– El 48,4% no han hecho nunca vacaciones.

En cuanto a las horas de atención a la persona con discapacidad, casi el 89% las realiza la familia, y en un 80,3% son las mujeres del entorno de apoyo a la persona afectada. Entre otras cosas, porque según la Agencia de Trabajo Estatal (2014) todavía hay un 18% de mujeres que cobran menos que los hombres, aun ocupando cargos iguales, con las mismas funciones y responsabilidades. Por lo tanto, si es la mujer quien aporta el sueldo más bajo en la unidad familiar, es quien automáticamente deja de trabajar para hacerse cargo de su hijo.

Programas dirigidos a la mejora de las mujeres cuidadoras

Hace pocos años que se habla de la necesidad de descansar de la función de cuidar cuando esta se convierte en una actividad profesionalizada dentro del hogar. Cuidarse con el objetivo de ganar salud y poder seguir cuidando. De momento, no tenemos sustitutos gratuitos y este país no tiene capacidad financiera para hacerse cargo de un cuidado tan intenso y prolongado en el tiempo.

Cuidar es un verbo que, en su vertiente pronominal, quiere decir cuidarse, conseguir el bienestar personal, lograr cuotas de salud. Pero esta acepción ha pasado desapercibida para todo el mundo: administraciones, empresas privadas y redes familiares. Durante los años 90, nacieron los primeros dispositivos de la mano de las diputaciones catalanas destinados a ofrecer estancias de descanso para las familias que tenían en su seno a miembros con elevado grado de dependencia, ya fuera por la avanzada edad o por unadiscapacidad intelectual profunda.

Sea cual sea la causa de dependencia, esta genera un gran cansancio emocional y relacional en la persona que está en primera línea de fuego, atenta al cuidado y a las demandas de la persona mayor o con discapacidad. Verdaderamente, en estas realidades familiares existe una dedicación intensa y permanente, crónica y perdurable en el tiempo. Y nunca mejor utilizada aquí la metáfora "línea de fuego", porque este cuidado de la persona dependiente puede llegar a quemar. Tiene unas características que lo hacen insostenible si tiene que prolongarse durante muchos años y recae en una sola persona.

Tiene un componente temporal, diario y permanente que convierte esta tarea en muy intensa, un componente emocional que erosiona el aparato psíquico y emocional de la persona cuidadora, que tiene que generar continuamente relaciones positivas, de optimismo y de esperanza para ser efectiva. Y, por último, porque se trata de mantenerse en una línea muy sutil y difícil de detectar, entre cuidar con salud y quemarse y claudicar.

Y todos sabemos que hay muchas maneras de claudicar y, a menudo, cuando uno no puede poner límites de manera pensada y consciente, acaba enfermando.

Las enfermedades psicosomáticas con una base emocional se expresan físicamente en diferentes manifestaciones que recogen los manuales de medicina. Son una expresión del "no puedo más".

Recién estrenado el siglo XXI, hacia el 2001, varias entidades privadas diseñaron cursos de formación dirigidos al familiar cuidador. Tenían la voluntad de responder a la figura del "cuidador profesional" que aparecía a la Ley 39/2006, del 14 de diciembre, de Promoción de la Autonomía Personal y Atención a las personas en situación de Dependencia. Si tenían que ejercer como cuidadores profesionales, se les tenía que formar para que hicieran bien su tarea.

De repente, aparecieron numerosas entidades privadas que ofrecían cursos para cuidadores profesionales, cuidadores informales, cuidadores no profesionales. ¿De qué estaban hablando? ¿De quién estaban hablando? Hubo familias que se ofendieron. ¿Tantos años cuidando de su familiar enfermo y ahora tenían que formarse? ¿Eran informales sus conocimientos? ¿Eran informales sus actitudes hacia su familiar con dependencia?
¿Había habido voluntad de formarlos con anterioridad a la ley? ¿O es que ahora que la ley regulaba la actividad de cuidar de

una persona dependiente y otorgaba una pequeña prestación económica, era el momento de reclamar calidad en la relación de amor y de aprecio entre padres e hijos con dependencia?

Cuántos eufemismos aparecen cuando no se quiere llamar a las cosas por su nombre. ¿Quería la ley regular la calidad de la atención que presta la madre a su hijo psicótico de más de 40 años de edad o a su hijo con síndrome de Filippo, de 8 años, que ha dejado de hablar, deglutir, moverse y andar? ¿Quería la ley elevar a "profesional" a la madre que ha parido a un hijo afectado por un problema que genera un elevado grado de dependencia? ¿Incluirla en el régimen de la seguridad social para disminuir así los índices de paro nacional, aumentar la cifra de población activa, blindando y sellando una relación de amor y entrega con una pequeña prestación económica de 425 euros al mes?

¿Quería la ley elevar a "cuidador" a quien llevaba años aprendiendo a cuidar a su hijo con una psicosis, síndrome de Red, parálisis cerebral o un autismo con rasgos de Asperger? Madres y padres que, sabiendo tanto como los profesionales que atienden sus hijos, tanto como la literatura que circula por internet, tanto como el primer interesado en hacer lo posible para mejorar la calidad de vida de su familiar dependiente, tenían que encajar con la figura de cuidador profesional.

¿En qué estaría pensando quién calculó la cuantía de esta prestación económica para las familias que tienen a una persona con dependencia en casa? Familias con dificultades económicas, con otros miembros en situación de paro, con gastos importantes para poder atender las necesidades de rehabilitación, fisioterapia, logopedia, sillas de ruedas, sillas motorizadas, aparatos, ortopedias, etcétera.

La prestación que iba destinada a financiar a un profesional para que se ocupara de la persona con dependencia durante unas horas a la semana y a dar un descanso a la madre no se destina a este objetivo. Se utiliza para sufragar los gastos que la persona con dependencia genera diariamente. A pesar de todo, en el caso de las madres de las personas con un trastorno mental severo, la situación vuelve a ser diferente.

La invisibilidad de la sintomatología propia de un proceso de descompensación psicótica y de su posterior recuperación hace que su cuidado haya estado siempre rodeado de desconocimiento y sufrimiento. Qué contradicción tan grande y flagrante esconde la Ley 39/2006, del 14 de diciembre, de Promoción de la Autonomía Personal y Atención a las personas en situación de Dependencia, más conocida popularmente como ley de dependencia, puesto que su despliegue ha generado una mayor dependencia de la persona afectada, tanto de su familia como de las prestaciones económicas, que no le permiten vivir de forma autónoma. Una ley de derechos de carácter personal, necesaria, indispensable en un Estado democrático, pero, al mismo tiempo, una ley llena de eufemismos en su título y en su despliegue. Otorga prestaciones a cuidadores familiares para incrementar todavía más el nivel de dependencia entre madre e hijo y favorecer la iatrogenia de esta relación. Una ley que nació sin la financiación necesaria y que, durante estos últimos años, ha ido experimentando cambios discretos, pequeños, de letra minúscula, por tal de proteger cada vez a menos personas.

Impacto del diagnóstico y reestructuración familiar

Inicialmente, cuando a uno de sus hijos de entre 18 y 30 años se le diagnostica un trastorno mental grave, la familia se para en el tiempo. El reloj de la vida se para. Será necesario un tiempo para que todo el mundo se estructure de nuevo y para entender qué ha pasado y qué pueden esperar de la persona afectada en cuanto al pronóstico y en cuanto al nivel de autonomía que podrá lograr. Por lo tanto, inicialmente es un misterio averiguar de qué tendrán que hacerse cargo exactamente, cómo y hasta cuándo.

"Marc tiene 34 años, y desde los 18 o 19 años cuando tuvo el brote, no ha hecho nada. Dejó los estudios, a los amigos, y ahora fuma y no sale de casa. Dice que la vida ha acabado para él y se quiere morir", me decía la madre de este chico, totalmente desconectada del sufrimiento de su hijo y del suyo propio.

Ser consciente de que un hijo quiere morir porque no le encuentra sentido a la vida es duro y angustioso. Hay padres que no pueden acercarse a la dimensión de un sufrimiento tan potente y optan por poner distancia y poner en duda que ese sufrimiento sea real. Porque, ¿quién se ocupa del sufrimiento de los padres de una persona a la que se le ha diagnosticado una enfermedad, por ahora, incurable? ¿Cómo lo elaboran? ¿En quién lo depositan? ¿Qué hacen con él? ¿Quién les ayuda? El padre, ginecólogo de profesión, le administraba la medicación inyectable que le recetaba el psiquiatra. El hijo hacía años que iba a la consulta del médico-psiquiatra. Y el padre reconocía que con esta práctica pseudomédica estaba confundiendo a su hijo. "No lo tendría que hacer, ¿verdad? Le inyecto lo más importante, el neuroléptico, pero no está bien, ¿verdad?", me preguntaba el padre buscando la solución mágica para ayudar su hijo.

Los padres se separaron, la madre pasaba dos días a la semana en casa conviviendo con Marc y con Joan. Este tenía 32 años y una sintomatología que hacía sospechar que sufría algún tipo de trastorno que no se había podido diagnosticar. Se trataba de una familia acomodada; los padres se habían desentendido de la evolución de su hijo y pasaban puntualmente "a verle" o a "pincharle". Nunca mejor dicho, a "verle" o a "pincharle la medicación". Era evidente que los padres no lo hacían conscientemente, que el sufrimiento materno y paterno era muy elevado. Por este motivo se alejaban cuanto podían.

"¿Qué tenemos que hacer?", me preguntaba el padre. De eso les hablé. Como profesional del trabajo social y, por lo tanto, de las relaciones humanas, les dije que reflexionaran con respecto al sufrimiento de su hijo. Un sufrimiento grande, penetrante, incomprendido y expresado a través de las amenazas de su hijo. "No quiere vivir, ¿no creen que está sufriendo?", les pregunté.

"Eso. ¡Está sufriendo! –me dijo el padre–. Así le haré saber que le queréis ayudar porque está sufriendo". Se hace difícil pensar que los padres de este chico no supieran ni se hicieran eco del sufrimiento real de Marc, 16 años, fumando y encerrado en casa. La desconexión es la otra cara de la misma moneda: la culpa. Hay quién desarrolla una relación de sobreprotección y paternalismo que atrapa, ahoga y no deja crecer, y hay quién se distancia tanto del sufrimiento propio y del del otro, que lo tiñe todo de cierta versión romántica del sufrimiento humano. En realidad, todo es lo mismo: incomprensión, silencio, vergüenza y el deseo de eclipsar una situación que la familia no asume y que quiere tapar.

El término "cuidadora" surge cuando por diferentes motivos se alarga en el tiempo la necesidad de ocuparse de aquella persona que genera unas relaciones de dependencia. Se profesionaliza en el ámbito familiar una tarea que tendría que ser natural. La evolución natural de una familia con hijos es que estos, con los años, crezcan, se formen, adquieran una autonomía personal, una madurez humana y puedan independizarse económica y emocionalmente de sus progenitores, los padres.

Y a pesar de que haya campañas de ámbito estatal, autonómico y comarcal que hagan ejercicios de caligrafía para luchar contra el estigma, estamos a años luz de escribir bien y sin faltas de ortografía cuando hablamos de los trastornos mentales, y mucho más lejos aún, cuando nos referimos a los trastornos mentales graves y severos. La experiencia nos dice que pronunciar la palabra “esquizofrenia” es todavía traumático para muchas familias. En la consulta, madres y pacientes nos dicen: “sufre de los nervios”. Y es cuando, con cuidado y delicadeza, les preguntas qué tipo de nervios, invadidos por el sentimiento de “me han pillado, pero me entenderán”, se atreven a decir “tengo esquizofrenia paranoide”.

Empezamos a caminar hacia el bienestar de unos y otros

Nuestra cultura mediterránea tiene un patrón familiar muy matriarcal que cuida de su tribu, que cría, educa, alimenta, quiere, protege y cura las enfermedades, pero que también carga con el peso de mantener en su seno a cualquier persona con dependencia. Pensemos que tan dependiente es un bebé de tres meses como una persona en cama de 83 años. Y que ni para unos ni para otros tenemos políticas sociales que amparen la crianza de los hijos por parte de los padres durante la infancia, como tampoco tenemos políticas de protección social de la vejez cuando se encuentra en situación de dependencia y de necesidad de prestaciones sociales y sanitarias.

Recordemos que la de Ley 39/2006, del 14 de diciembre, de Promoción de la Autonomía Personal y Atención a las personas en situación de Dependencia nació sin una cartera de financiación. Por lo tanto, es difícil desplegar medidas de protección social si no hay una financiación suficiente para atender a la población susceptible de ser atendida.

Delegando funciones...

Cuando un trastorno psicótico irrumpe sin permiso y con violencia en el seno de una familia, se tambalean todos los patrones y roles familiares, puesto que es un tipo de diagnóstico que impacta profundamente en aspectos personales que no transmiten otros tipos de diagnóstico de enfermedades graves.
Estamos hablando de la culpa, el miedo, la vergüenza y la desesperación. Generalmente, y por los motivos que hemos explicado anteriormente, este papel recae en la madre de la persona afectada. Históricamente se le ha otorgado a la madre más capacidad de empatía y, por lo tanto, de ponerse en el lugar de quien sufre y poder entender con más exactitud sus sentimientos. Pero ¿por ese motivo la madre tiene que hacer de "traductora emocional" del sufrimiento de su hijo, con discapacidad derivada o no de una enfermedad mental hacia el resto del núcleo familiar, hacia los profesionales del sector sanitario? ¿Por ese motivo debe convertirse en la única interlocutora válida para ocuparse del cuidado emocional del hijo que sufre?
Porque es aquí, en la invisibilidad del material sensible que son las emociones humanas, donde está la clave del cuidado y la clave del cansancio.

Así, nos encontramos actualmente con verdaderas estafas a la población que ha hecho el proceso de valoración de la dependencia y que ahora, si el grado de dependencia que tenían no es el 100% derivado de una enfermedad mental, pierden el lugar que ocupaban en la lista de espera para acceder a un servicio residencial. Es evidente que, cuando uno se hace mayor, la dependencia viene derivada del deterioro de aspectos físicos, psíquicos, motrices, cognitivos, mentales, etcétera. Y la suma de todos es la que determina el nivel de deterioro de la persona. No nos engañemos, todos sabemos qué hacer y cómo recortar prestaciones o plazas residenciales sin que la población se dé cuenta y, sobre todo, si esta tiene dificultades culturales o deficiencias cognitivas para entender su resolución administrativa.

Ciertamente, el trabajador social es una figura clave para entender, explicar y denunciar este tipo de situaciones. Decíamos, sin embargo, que en los países mediterráneos se tiene un concepto de la familia similar al de una red que todo lo acoge y que da cabida al cuidado de los abuelos, de los nietos, al retorno del hijo separado, etcétera. Este fenómeno cultural y social le ha interesado siempre a la administración pública. Mientras la familia da respuesta a ciertas necesidades, no se ve obligada realmente a implementar políticas de apoyo para los colectivos más vulnerables. ¿Cómo puede independizarse una persona con trastorno mental severo que no ha tenido la posibilidad de trabajar y que está recibiendo una prestación no contributiva de 350 €/mes? ¿Alguien sabe qué se está cobrando en Barcelona ciudad por una habitación compartida? 310 € (en barrios de renta per cápita mínima). Pero quien tiene un empleo en un centro especial de trabajo no cobra mucho más, 650 €. Difícil independizarse.

La dificultad económica de independizarse alimenta la dificultad emocional para hacerlo, y las personas afectadas por algún trastorno mental encuentran la solución en quedarse a vivir en casa de los padres. No se produce ningún tipo de separación emocional, de autonomía o crecimiento personal. De esta manera, se intensifica la relación de dependencia madre-hijo, que apunta hacia procesos de claudicación familiar y, lo que es peor, hacia una persona adulta invalidada para los trabajos del hogar, incapacitada para mantener un cuidado personal, con riesgo de desvinculación real de los recursos de la red de salud mental y evidentemente, que corre un elevado riesgo de quedarse sola y desamparada cuando los padres son mayores o mueren.

Se habrá trabajado así, día a día, para conseguir una persona frágil y vulnerable que, desgraciadamente, según cómo, habrá que incapacitar y conseguir que una entidad tutelar se haga cargo de su vida. Un proceso alejado del objetivo de promocionar la rehabilitación psicosocial y la autonomía personal.

Es complicado trabajar potenciando la salud de las madres que se ocupan permanente y constantemente de su hijo dependiente, cuando lo que el sistema rubrica y financia económicamente es todo el contrario: la relación de dependencia, y no la de autonomía.

Y para finalizar este apartado, destacar que las mujeres, a pesar de sufrir una enfermedad mental, siguen haciéndose cargo del núcleo familiar. A pesar del trastorno mental, la sociedad repite los patrones culturales que se espera de unos y otros. Los hombres con una patología mental, salen y se socializan; las mujeres con enfermedad mental se quedan en casa y se ocupan de sus padres mayores.

Cuidar, un verbo con género femenino

Con la reforma psiquiátrica de los años 80, se produce una apertura de las grandes instituciones a partir de la cual muchos enfermos vuelven a casa, y se crean toda una serie de recursos sanitarios y comunitarios que aseguran la continuidad de la atención en el entorno de la persona afectada. Si bien se crea toda una red de servicios que intentan ofrecer una continuidad asistencial de la persona con trastorno mental severo, la familia pasa a ser la red de contención de todo aquello que pueda pasar y no sea atendido por la red social y de salud mental.

La madre, principal cuidadora, pasa a ocuparse de su medicación, de valorar si está a punto de volver a sufrir una crisis, de concienciarlo de que tiene una enfermedad crónica, de valorar si voces y delirios son bastante potentes como para anunciar una recaída. Valorar si tiene un discurso tan desorganizado como para ir a urgencias, poner en marcha toda la maquinaria sanitaria y de cuerpos de seguridad para articular un ingreso involuntario, hacer cola en el juzgado de guardia para denunciar un maltrato reiterado de su hijo, cambiar la cerradura de casa porque se ha producido un robo de dinero para jugar a las máquinas y un largo etcétera de obligaciones que produce escalofríos.

Toda una serie de acciones y capacidades de valoración del momento más adecuado para actuar y hacia dónde hacen que situemos a esta mujer en el centro, alrededor del cual pivota la buena vinculación y adherencia al tratamiento sanitario y social del hijo. O, por el contrario, la hacemos responsable de su desvinculación, deterioro y aislamiento social.

Todavía en la actualidad, a principios del S.XXI, nos encontramos con una amplia franja de familias y madres cuidadoras de bajo nivel cultural, con importantes dificultades cognitivas e intelectuales, con una tendencia a frivolizar la enfermedad de su hijo, fruto de la escasa comprensión, del estigma que supone admitirla, de la culpa que genera tener un hijo con este diagnóstico, y que siguen hablando de "problemas de nervios", "pereza para buscar trabajo" o de "que no ha tenido suerte en la vida".

Estamos hablando de personas con un diagnóstico de esquizofrenia paranoide con sintomatología activa, con medicaciones potentes, con dificultades de inserción laboral y escasas posibilidades de vivir de manera independiente.

Desde el trabajo social, hay que transmitir el mensaje de que es imprescindible que el cuidador, madres en un 85%, se cuiden para tener una mejor calidad de vida. Esculpidas en los valores del sacrificio, la renuncia y el esfuerzo, entienden que les tocó una desgracia que tienen que sufrir, y viven estos mensajes de descanso y de alivio de la tarea cuidadora como un lujo que no les corresponde disfrutar.

Se hace muy difícil incidir en una relación de años de vida en común entre madres e hijos. Estas boicotean propuestas liberadoras de la sobrecarga familiar y a menudo niegan la posibilidad de mejora de su hijo si ellas no tienen un papel protagonista en esta evolución.

Se ven "eternas", sin prever un futuro cercano en el cual sus hijos quizá se conviertan en sus cuidadores. Es generalizada la situación que nos encontramos de muchos hombres de entre 50 y 55 años con esquizofrenia que, al morir la madre, último de los progenitores con quienes vivían, caen en un proceso de deterioro espectacular de sus condiciones de vida y llegan a unas situaciones de insalubridad alarmantes.

Tal vez habría que exculpar un poco a madres y padres de la responsabilidad en el seguimiento y tratamiento de un trastorno tan grave y incapacitante como la esquizofrenia u otros tipos de trastornos mentales graves y dar la indicación, desde el inicio del trastorno psicótico, de que es aconsejable que mantengan su trabajo, sus relaciones sociales, afectivas, emocionales y relacionales. Y dejar en manos de la red sanitaria y de servicios sociales y a sus profesionales la responsabilidad de vincular los diferentes tipos de tratamiento, así como del acompañamiento de la persona durante su proceso de recuperación de las capacidades perdidas, detección de potencialidades y posibilidades existentes y de colaboración en la realización de su proyecto vital.

Es en los profesionales de los diferentes servicios de atención primaria, hospitalaria y comunitaria sobre los que tendría que recaer la responsabilidad de hacerse cargo del acompañamiento de este colectivo, de su vinculación y desvinculación, si se produce. Hay programas especializados en trabajar y llevar a cabo este proceso hasta la nueva adherencia al tratamiento.

A nivel asistencial es prioritario, dadas las evidencias actuales, garantizar un acceso rápido a los familiares y usuarios que detecten cambios significativos con el objetivo de recibir lo antes posible el asesoramiento y la información adecuada. En este sentido la Conselleria de Salut impulsó hace muchos años, la existencia del Programa de Atención Específica al Trastorno Psicótico Incipiente que permite un acceso rápido a profesionales altamente especializados en la detección de las señales más iniciales y en el tratamiento más especifico y adecuado.

O se empiezan a compartir responsabilidades entre la red familiar y la red de servicios de salud mental y servicios sociales municipales, o corremos el riesgo de agotar a unos y dejar al enfermo totalmente desprotegido.

Conclusiones

Esta exposición intenta aproximarse a la dura realidad vivida por las madres cuidadoras de una persona con trastorno psicótico que evoluciona hacia el deterioro y la cronicidad.

Me pregunto qué pasará en un futuro si las mujeres que ya han accedido al mundo universitario y hace años que accedieron al mundo laboral —mujeres más formadas, más cultas, con talento, iniciativa, creatividad— no querrán ni podrán dejar de trabajar para cuidar de su hijo. No querrán ni podrán porque han disfrutado del placer de formarse, de trabajar y de tener un reconocimiento personal, social y económico.

Hace unos años se hablaba del síndrome del nido vacío cuando los hijos se marchaban de casa y la madre, sin ningún otro objetivo en la vida que criar y educar a los niños, se quedaba vacía emocionalmente porque toda su vida la había llenado cuidando de los demás. La mujer madre de familia no tenía ningún otro proyecto personal de vida autónoma.

Actualmente, hablamos del síndrome de la casa vacía, porque los dos padres se van a trabajar y vuelven cuando ya es de noche. Los niños, con la llave colgada del cuello, llegan a casa y están solos. Pre-adolescentes y adolescentes tienen libre acceso a juegos digitales, preferentemente de violencia, que llegan a provocar caracteres irascibles; libre entrada a imágenes y vídeos para los que, según la edad, no hay una madurez emocional suficiente para digerir ciertas imágenes y actuaciones. Están abocados a relaciones con internautas de quienes desconocen realmente su personalidad y a todo un mundo virtual que genera emociones ambivalentes. Tienen muchas relaciones y sienten mucha soledad.

Han aumentado exponencialmente los trastornos de la alimentación: la anorexia, la obesidad mórbida y el atracón están al orden del día. Hay niños que almuerzan, comen y cenan solos. Antes, las paredes de casa limitaban y daban protección. Ahora, el hogar vacío de personas que den cariño y amor, pongan límites y normas, autoridad y ternura, afecto y dedicación, se convierte en un lugar peligroso donde se sienten solos y desprotegidos.

Es necesario pensar en verdaderas políticas que ayuden a los padres a criar a los hijos durante la infancia; políticas de conciliación de la vida laboral y familiar que permitan que, al menos, uno de los padres eduque y críe a los hijos o que se lo puedan repartir o alternar; políticas de igualdad que luchen contra la discriminación sexual y la violencia de género existente desde las etapas más jóvenes de la vida.

Y en cuanto a las madres cuidadoras, si el Estado no dispone de recursos para remunerarlas, como mínimo les tendría que favorecer en la jubilación con una retribución por los años de servicios gratuitos prestados a la comunidad. La persona con trastorno mental severo, especialmente con esquizofrenia, ¿tiene que vivir sola o con apoyo profesional que puntualmente le ayude a ser más autónomo dentro y fuera del hogar?

Las leyes tendrían que ir acompañadas de una financiación que permitiera la creación de plazas residenciales, de pisos de alquiler social con apoyo en el domicilio y de programas de descanso que faciliten las vacaciones de los principales cuidadores. Tenemos un reto muy importante. Hay que diseñar políticas que aseguren unos mínimos reales de bienestar laboral, social y sanitario, que favorezcan la autonomía de la persona con trastorno mental grave y que cuenten con la familia como un lugar donde encontrar cariño, amor, ayuda, apoyo y bienestar, y no como sustituto de las carencias estructurales de la sociedad.

Cristina Páez Cot

Soledad, afectividad y sexualidad... ¡hablemos!

Introducción

Todos estos temas que dan título a este apartado deben tratarse con la máxima elegancia y sensibilidad ya que tocan directamente el mundo interno del ser humano: el mundo de los sentimientos y las emociones, del goce y del placer y, por lo tanto, también del dolor y el sufrimiento.

La soledad, la afectividad y la sexualidad de las personas con trastorno mental severo son aspectos muy importantes que hay que hacer aflorar. A pesar de ser temas que afectan directamente a la dignidad, la igualdad, la libertad y la intimidad de las personas, en muchas ocasiones no reciben la atención, el reconocimiento y el tratamiento que deberían tener.

LaOrganizaciónMundialdelaSalud(OMS)definelasexualidad como "un aspecto central del ser humano a lo largo de su vida y engloba el sexo, la identidad de género y los roles, la orientación sexual, el erotismo, el placer, la intimidad y la reproducción. La sexualidad se vive y se expresa en pensamientos, fantasías, deseos, creencias, actitudes, valores, conductas, prácticas, roles y relaciones. A pesar de que la sexualidad puede incluir todas estas dimensiones, no todas se experimentan o se expresan siempre. La sexualidad está influenciada por la interacción de factores biológicos, psicológicos, sociales, económicos, políticos, éticos, legales, históricos, religiosos y espirituales."

El derecho a la intimidad y a la vivencia de la propia sexualidad es una concreción más de la dignidad, la libertad y el libre desarrollo de la personalidad, un aspecto que hay que proteger y facilitar a todo ser humano, tenga la discapacidad que tenga, sufra la enfermedad física o mental que sufra. La afectividad y el placer son aspectos fundamentales de las necesidades humanas y según su desarrollo o inhibición afectan directamente en el goce, el bienestar, en el aumento de la autoestima y en evitar el aislamiento emocional y social de las personas. Aspecto este último bastante deteriorado en el colectivo que nos ocupa.

Sexualidad y trastorno mental grave

Las relaciones sexuales o de afectividad entre personas con algún tipo de discapacidad suelen estar eclipsadas por el tabú que generan estos temas. Y en el caso de las enfermedades mentales suelen mantenerse invisibles, como si la persona fuera un ser asexuado. Los aspectos de realización y satisfacción de una vida sexual plena de cualquier persona adulta que sufre un trastorno mental, a menudo, habían pasado desapercibidos para la mayoría de los profesionales sanitarios o sociales, puesto que históricamente la atención asistencial estaba enfocada casi exclusivamente al tratamiento farmacológico, obviando otras necesidades de la persona.

Con la reforma psiquiátrica que se produjo en Cataluña durante los años 80 del siglo pasado, la persona con trastorno mental severo pasa a ser atendida en su comunidad, los tratamientos reciben una orientación biopsicosocial y la persona puede realizar un proceso de recuperación cerca de su entorno familiar. Cuando a la persona se la consideraba un enfermo psiquiátrico y su tratamiento era el internamiento de por vida, había dos aspectos básicos de la dignidad humana que se anulaban totalmente: el derecho a trabajar y el derecho a tener relaciones afectivas y sexuales.

Todos sabemos que hay países mucho más avanzados en estos temas, donde los tratan con naturalidad y los incluyen en los programas de recuperación. Despliegan para ello programas específicos de información y de educación sexual destinados a personas con discapacidad y a sus familias. Y, por lo tanto, han sido muchos los consejos de ética que se han creado para debatir sobre este tema y también muchos los manuales deontológicos elaborados para ayudar a afectados y a familiares a pensar, reflexionar y decidir posicionamientos dignos al respecto para la persona que sufre alguna discapacidad.

Aun así, en lo que respecta al trastorno mental severo, siempre se ha supuesto, se ha silenciado y, a menudo, se ha hablado poco y se ha debatido menos. Además, es prácticamente inexistente la literatura escrita sobre este tema.

En principio, uno de los efectos secundarios negativos de la esquizofrenia es el aislamiento relacional, el aplanamiento afectivo y la falta de relaciones sociales y de amistad donde puedan surgir sentimientos de cariño y deseo sexual. Es por todos sabido que los tratamientos neurolépticos o antipsicóticos, aunque sean los de segunda generación, afectan directamente a la reducción del deseo sexual y, por tanto, la profesión médica ha dado por hecho que se trata de personas con escasas relaciones sociales, relaciones personales muy empobrecidas y que, consecuentemente, no llevan a cabo ningún tipo de prácticas sexuales.

A pesar de todo, la vida sexual sana y satisfactoria afecta tanto al bienestar de la persona como a su integración social, y son los propios afectados los que muestran preocupación por estos temas. El aislamiento propio que provoca el sufrimiento de un trastorno mental grave genera una consecución de hechos que da lugar a una situación que debe hacernos pensar y reflexionar al respecto.

Actualmente tenemos entre la población adulta que sufre una esquizofrenia un 93,2% de hombres solteros y un 67,8% de mujeres solteras (Martínez Zambrano, 2001).

La importancia no está en el estado civil sino en la soledad que viven estas personas. No olvidemos que los estudios sobre las redes sociales de este mismo colectivo nos dicen que un 92% vive con la familia y, por lo tanto, cuando esta desaparece nos encontramos con un número muy elevado de personas con trastorno mental y escasas o nulas relaciones sociales que sufren un grado severo de soledad.

La carencia de relaciones afectivas y personales que producen placer y bienestar constituyen la burbuja invisible en la que viven. Y también un dique invisible, porque en muy pocas ocasiones se pregunta por los sentimientos que genera esta soledad. Y, sin embargo, como descubriréis más adelante, tienen opiniones, actitudes y posicionamientos con respecto a este tema. Pero no hablan. Y tampoco se les pregunta con una actitud clara que legitime que se trata de un derecho fundamental de la persona.

Cabe destacar que la literatura en relación a la sexualidad y la enfermedad mental es escasa: en su mayoría data de la década de los 70, pues hay pocas reflexiones y ensayos más recientes. Un estudio de los años 70 asegura que, a menudo, las personas con esquizofrenia solo quieren afecto, intimidad y proximidad más que relaciones sexuales completas. Parece que este tipo de relaciones afectivas también son propias y adecuadas en otras patologías crónicas –pacientes oncológicos, enfermos crónicos, etcétera– que implican un importante deterioro físico y cognitivo, y a los que ya les resulta bastante satisfactorio este nivel de intimidad y de vivencia de su sexualidad.

El mismo estudio argumenta que las relaciones sexuales disminuyen drásticamente después de la aparición de la enfermedad mental y que se mantiene una actividad de autoestimulación superior a la de las personas no afectadas por este tipo de patologías.

"Nos sobreprotege demasiado la familia, y al final te da miedo incluso tener novia", nos decía Joan, de 47 años, diagnosticado de esquizofrenia, a quien lo que más le quitaba el sueño era la cantidad de dinero que se gastaba en jugar a las máquinas. "Mi hermana no me dejó tontear con chicas; te coge una cosa rara y piensas que no sabrás estar con chicas y, al final, te vas cerrando tanto, que te quedas solo". La familia le tiene miedo al diagnóstico de una enfermedad mental, también a los cambios emocionales que toda relación de pareja origina y que, en este caso, se viven como posibles estresores que pueden provocar descompensaciones en la estabilidad individual y familiar.

El diagnóstico de trastorno mental severo tarda años en definirse, porque los diferentes aspectos que constituyen el síndrome que genera una psicosis también tardan años en ir apareciendo, tarda mucho tiempo en manifestarse, y los profesionales especializados necesitan tiempo para hacer un buen diagnóstico diferencial.

Y este tiempo de espera, que se dilata seis o siete años, de los 18 a los 24 más o menos, se convierte en un enemigo que deteriora capacidades, frustra sueños esperados, descarta proyectos imaginados y coarta la libertad de expresar y vivir las primeras relaciones amorosas: "Si salgo con aquella chica y sabe lo que tengo, seguro que me deja". El miedo al fracaso sentimental, vivido y experimentado por todos puede ser un factor demasiado estresante para una persona con alto riesgo de descompensación. Y lo que está claro, un factor de vulnerabilidad para la familia, que prefiere controlar todos los afectos que recibe su hijo o hija antes que aceptar que este enamoramiento pueda provocar, o no, una posible descompensación psiquiátrica.

La sexualidad es todavía un tema delicado del que hablar en nuestra sociedad. Tabús y mitos hacen que sea complicado abordarla en el ámbito familiar con espontaneidad, naturalidad y claridad. Los adolescentes pueden optar por cerrarse y descubrirla entre su grupo de semejantes o, por el contrario, hablar frívolamente y de forma desinhibida, lo cual todavía coarta más el diálogo que pueden mantener con sus padres.

Encontrar un espacio de intercambio de información o, cuando menos, un espacio donde se pueda preguntar o escuchar lo que se quiera saber, en el momento en que el adolescente lo quiere saber, es difícil de gestionar para cualquier familia. Pero todavía es más difícil abordar este tema en el caso de las familias que tienen un hijo con un problema de salud mental.

A menudo queda apartado, que no quiere decir resuelto, sino todo lo contrario, se debate con fuerza con fuerza a pesar de que lo haga de forma que los padres, a veces, no puedan comprenderlo. Se mantienen miedos ligados al riesgo de contraer enfermedades de transmisión sexual, al riesgo de embarazos no deseados, al riesgo de transmitir la enfermedad en el caso de tener descendencia, al riesgo de emparejarse con una persona que tenga la misma enfermedad o similar. Demasiados riesgos y demasiados miedos, silenciados y no hablados, como para ser capaces de vivir con libertad un tema tan íntimo como la sexualidad propia de cada ser humano.

En el proceso de emparejamiento natural no cuenta si sufres esquizofrenia o no, en cambio, a las personas que sufren un trastorno mental grave sí que se les veta formal e informalmente su emparejamiento sexual. Este acostumbra a ser un tema obviado en las visitas con el psiquiatra de referencia.

Todos sabemos que muchos neurolépticos producen inhibición del deseo sexual y que es uno de los motivos por los que muchas personas abandonan la medicación. Esto es lo que le explican a la trabajadora social porque esta les pregunta; te dicen que prefieren vivir el placer a sentirse adormilados todo el día. De hecho, están optando por aspectos más saludables frente al aplanamiento emocional, a pesar de que al cabo de un tiempo les pueda provocar una descompensación.

Estos temas, el de la sexualidad, los afectos, las emociones, las relaciones sexuales (solo o en pareja) y los embarazos temidos y de los que no se habla son de vital importancia y suelen hablarlos poco en las consultas con el psiquiatra. Son delicados, hace falta confianza con el profesional y tiempo para abordarlos con la sensibilidad adecuada. Es necesario que el profesional lo tenga en cuenta y pregunte por las relaciones de amistad, los enamoramientos, los deseos y los placeres. Son aspectos básicos de las personas, temas que les preocupan y que viven con angustia porque saben que nadie se interesa por ellos.

Felisa, en las últimas entrevistas, olía muy bien a colonia y le preguntamos cuál utilizaba y quién se la había regalado. Era una forma de iniciar el tema sobre la mejora de su aspecto personal. "Estoy enamorada", nos dijo en voz baja, avergonzada como una adolescente y preocupada porque su padre no lo supiera, puesto que le prohibiría salir con aquel chico. A menudo estas relaciones no llegan más allá de paseos cogidos de la mano, de besos y abrazos, porque ninguno de los dos se atreve a tener relaciones sexuales completas.

De hecho, ya les satisface suficiente a nivel anímico y emocional tener un amigo con quien salir, pasear, abrazarse y quererse en la medida que ellos lo decidan. Enriquece al ser humano, sentirse escogido, deseado por el otro, mimado por las emociones que despierta el enamoramiento en la edad que sea y con las limitaciones que puedan comportar diferentes enfermedades físicas o mentales.

Fruto de la intervención a domicilio que hacíamos con Hassem, emigrado de un país africano desde hacía ya una década y que vivió en la calle los primeros años de su llegada a Barcelona, vimos cajas abiertas de preservativos. De una patada las escondió bajo la cama, y la trabajadora social, sutil en su intervención, le valoró positivamente que prefiriera "el placer del sexo a otros placeres que crean adiciones y que generan problemas económicos".

Hassem, de 56 años, con un trastorno mental severo muy estabilizado, poca dosis de medicación y sin ningún hábito organizado de su tiempo de ocio, se pasaba el día en casa. Iba puntualmente al servicio de rehabilitación, desde donde nos habían propuesto la intervención en el domicilio para intentar mejorar su vinculación con el centro. Manteníamos conversaciones agradables generalmente relacionadas con las costumbres de su país y con la familia que había dejado allí. Porque, si bien el proceso de emigración suele ser para mejorar la situación personal y de la familia que se deja en el país de origen, en su caso todo se complicó muchísimo cuando, al poco tiempo de haber conseguido entrar en España, sufrió el primer brote psicótico.

Las ilusiones se frustraron para siempre, el regreso se postergó ante un futuro incierto y el reagrupamiento familiar, altamente indicado cuando se realiza un proceso de emigración de tan elevado riesgo, nunca se produjo. Por lo tanto, Hassem dormía en la calle durante los primeros años que vivió en Barcelona. Con el tiempo, los servicios especializados le encontraron una pensión y, después de varios ingresos psiquiátricos, se consiguió evitar recaídas, estabilizar la sintomatología y mejorar su situación social.

El dinero que cobraba de la prestación de reinserción social se lo gastaba rápidamente en tóxicos y alcohol. Sin embargo, Hassem es un hombre inteligente y a la primera amenaza de retirada de la prestación económica dejó de consumir tóxicos. Pero estaba y se sentía solo y alquilaba vídeos pornográficos para llenar esa soledad, sentirse satisfecho y disfrutar de cierto placer. Y cuando tenía dinero, de vez en cuando, contrataba los servicios de una trabajadora sexual. Pero nunca se lo había explicado al psiquiatra. "Es una mujer y no me entendería", argumentaba.

"También lo soy yo", le repliqué. "Sí, pero contigo tengo confianza y tiempo para hablar de cosas... íntimas", se sinceró. Y es que las cosas íntimas, a menudo son las más importantes. Las otras, las comunes, las que nos hacen igual al vecino, las que se pueden hablar en el rellano de la escalera, en la calle o en el metro suelen ser cosas banales, mundanas, a salto de mata, que podemos explicar a diestro y siniestro sin valorar quién es exactamente nuestro interlocutor. Pero las cosas que son importantes, las que nos definen, las que nos hacen genuinos, diferentes, únicos, las de verdad, las que se hablan desde el corazón, estas solo se pueden hablar con quien tienes confianza, en un espacio de confidencialidad, con tiempo y con la seguridad de que quien te escucha las puede entender, respetar y valorar.

Quien te escucha las eleva a la categoría de pensamiento propio, personal e intransferible y brinda contigo por esas ideas, pensamientos, opiniones y decisiones propias, y por el hecho de que la enfermedad no las haya invadido ni destruido.

Sinceramente tengo que decir que, como profesional del trabajo social, brindé porque hubiera preferido centrarse en resolver su deseo sexual a dejarse arrastrar por su adicción al juego o a los tóxicos. Y le hice una evaluación positiva: había hecho una elección muy acertada para su salud mental. Pero esto se pudo trabajar en su hogar cuando, a partir de darme cuenta que se escondía el paquete de preservativos debajo el sofá de un puntapié, pudimos hablar del tema, de la soledad, de la sexualidad y de las necesidades de satisfacción más básicas.

Intención en la atención

Es sabido que en otros países (Holanda y Alemania, por ejemplo) hay asistentes sexuales para las personas con discapacidades físicas, parálisis cerebrales profundas y otros problemas de salud mental. Servicios promovidos por las propias asociaciones de personas con discapacidad porque parten de la base de que son necesidades básicas de la persona y que esta tiene derecho a poderlas satisfacer con las ayudas físicas que sean necesarias.

En nuestro país estamos a años luz de promover este tipo de servicios, pero al menos tendríamos que ser capaces de tener en cuenta y preguntar a las personas que sufren un problema de salud mental por sus sentimientos y emociones, por sus amores y desamores, por sus ilusiones y frustraciones que hayan podido sufrir con respecto a estas cuestiones.

La falta de tiempo en las visitas médicas, la falta de interés por estos temas o, a menudo todo lo contrario, el hecho de ser conscientes de que son aspectos tan capitales que no se pueden tratar en un cuarto de hora cada tres meses, hace que se abstengan de abordarlos como se abstienen de tener relaciones sexuales. Información adecuada, tratamiento farmacológico necesario, escuchar los deseos de la persona atendida y darle pautas de educación sexual y medidas para seguir una práctica segura serían un reconocimiento al derecho a la intimidad y sexualidad de la persona con trastorno mental grave.

Para la familia también es un tema de alta complejidad. No olvidemos que el 92% de las personas con trastorno mental severo vive con la familia (Martínez Zambrano, 2001), por lo tanto, en el domicilio familiar, lo que dificulta tener espacios físicos de intimidad. Y no olvidemos que los padres con quienes trabajamos tienen una edad avanzada. Es decir, que el despertar de su propia sexualidad y su práctica pueden estar envueltas en una coraza construida por un hermético silencio provocado por tabús y por la moral impuesta.

Existe una enorme dificultad para pedir información y pautas de educación sexual, mucho sentimiento de culpa que inmoviliza el crecimiento personal de los hijos y una visión discriminatoria sobre los derechos de la persona adulta. Se mantiene una gran ambigüedad en torno a este tema: los familiares quieren que sus hijos e hijas trabajen y ganen cuotas de autonomía, pero obvian hablar de temas relacionados con la sexualidad.

Tenemos familias que asocian los síntomas de apatía, abulia y aplanamiento emocional a aspectos de desmotivación o falta de voluntad para trabajar. Un factor que también se puede dar, puesto que el paciente con un trastorno mental crónico tiene grandes dificultades contra las que luchar, tanto a nivel interno –deterioro cognitivo, falta de memoria, bajo nivel intelectual…– como por la situación externa que debe afrontar –escasez de trabajo, baja capacitación, ofertas de trabajo poco adecuadas a sus necesidades…–. En el otro extremo tenemos familias que entienden y respetan las libertades del hijo y su autonomía, pero protegen a esa persona con edad suficiente y con derecho a mantener relaciones libres de amistad, afectividad y sexualidad, que les resulta prácticamente imposible llevarlas a cabo.

Yolanda, de 46 años y vinculada a varios servicios de la red de salud mental, vive con su padre, de 75 años, que le lava la cara cada día como si de una niña pequeña se tratara. La acompaña al médico, le compra la ropa... Yolanda va con bambas de lona en pleno invierno y, cuando llega a casa mojada, si ha coincidido con un dia de lluvia, el padre la lava, la seca y le cambia las bambas por unos zapatos. A Yolanda, con rasgos esquizoafectivos, déficit intelectual y desbordamiento emocional, le acaban de rebajar la medicación porque no presenta sintomatología activa. Está enamorada, contenta, alegre, tiene un amigo, sale y pasea.

Xavi nos decía al inicio del capítulo: "la familia me ha sobreprotegido tanto que no he podido ni enamorarme". No pretendo llegar a conclusiones, me limito a exponer situaciones emocionales que podrían ser más sanas.

Y la familia, ¿qué opina?

La familia, ante el impacto de un diagnóstico de estas características, suele proteger, infantilizar y discriminar a la persona afectada. Negarle la posibilidad de tener relaciones de amistad, afectivas y de pareja es una manera de mantener a la persona en una infancia perpetua en la que incluso los niños se exploran y disfrutan de su cuerpo. Negar a la persona que pueda mantener relaciones sociales y tener una afectividad y sexualidad completas es condenarla a una visión sesgada del ser humano.

La familia, a veces, tiene tanto miedo de las posibles descompensaciones provocadas por la inestabilidad emocional por la que puede transcurrir una relación de pareja que, antes de que pueda suceder, les transmiten mensajes subliminales del tipo "no podéis", "no puede ser", "no quiero más problemas". Y digo subliminares porque, a menudo, no son nada directas, aunque sí muy intencionadas y muy bien dirigidas.

Eltemadelasexualidadestodavíauntemaconunapresenciamuy discreta en muchas familias. Los adolescentes suelen resolver sus dudas entre sus amigos, sus iguales. Pero ante la presencia de un trastorno mental, la familia acostumbra a decidir que su hijo no puede tener pareja ni tampoco relaciones esporádicas. Anulan, como quien castra y amputa una parte del cuerpo, la posibilidad de realización y desarrollo de la identidad de la persona que, a pesar del estallido de la psicosis y la posible inhibición sexual que le puedan producir ciertos neurolépticos, tiene necesidades de afecto y de placer como cualquier ser humano.

Solo he conocido, en 20 de años de experiencia profesional en el ámbito de la salud mental, a una familia, concretamente a la hermanadeunapaciente,quelefacilitabaencuentrosesporádicos con su pareja en un piso de propiedad porque creía que era una cuestión tan importante como la medicación que tenía que tomar o como el curso de formación que estaba realizando; lo necesitaba, como cualquier persona. Posiblemente era porque la valoración de las necesidades básicas y el ofrecimiento de estos encuentros íntimos venían por parte de la hermana, una mujer joven que miraba con otros ojos las necesidades de afecto de su hermana. La miraba de igual a igual y no tenía miedo, solo veía placer, goce, derecho a la satisfacción y a la ternura que podía dar y recibir. Solo veía beneficios, no amenazas.

No podemos olvidar que las personas con trastornos mentales severos han podido pasar por una adolescencia complicada, con consumo y abuso de tóxicos, con relaciones promiscuas de alto riesgo, etc. Es decir, puede ser que hayan deambulado por unos años difíciles de gestionar, y que se lo hayan puesto complicado tanto a los padres como a los profesionales. Y, a menudo, si hay mucha intranquilidad, miedo y angustia por el futuro de la salud mental de un hijo, este tema queda a la cola de los que están por resolver dignamente. Consideran más importante un trabajo que el hecho de que encuentren y mantengan una relación de pareja.

También es cierto que la culpa, existente en toda persona y permanente en muchas dinámicas familiares, a veces actúa como protectora y defensora de la castidad. "Soy como la responsable de sus lapsus y lagunas y tengo que ir a todos lados con él porque si no, no se entera de nada", me decía la madre, de 67 años, de un chico con esquizofrenia, VIH-positivo y diabetes. "Así no puedo tener novia", se quejaba él. Una reflexión en voz alta a la que la madre respondió con una mirada castradora y recriminatoria con la que parecía que le estaba diciendo: "Con todo lo que llevo sufrido por ti, ¿vas a tener novia? ¡¡¡Ni hablar!!!".

Seguro que el chico no se refería a tener una relación estable, solo quería decir en voz alta, y que su madre escuchara, que necesitaba tener una relación adulta con una mujer que no fuera ella, su madre. Con una mujer con quien pudiera tener la sexualidad y la intimidad que ellos decidieran tener. Pero la madre ya se ocupó de recriminárselo con una mirada reprobadora y amenazante.

La culpa no resuelta en el ámbito familiar –unos por haber tenido un hijo con esquizofrenia y otros por haber estado en contacto con las drogas y haber mantenido relaciones sexuales de alto riesgo a partir de las cuales se infecta del virus del sida, por ejemplo– hace que se castiguen mutuamente, viviendo una relación de dependencia madre-hijo que no les deja avanzar hacia la autonomía y el bienestar.

¿Qué quiere decir apoderar?

Desde el trabajo social, cuando exploramos e intervenimos potenciando las capacidades de la persona en su medio social y comunitario, apoderamos y ayudamos a que la persona gestione todos sus recursos físicos, psíquicos y emocionales para que tenga una calidad de vida satisfactoria. Apoderar quiere decir validar y favorecer los pensamientos y capacidades de autogestión. Abrir un espacio de diálogo donde se pueda ir construyendo y deconstruyendo ideas y pensamientos. Abrir un espacio de diálogo en el que les mostremos que tienen derecho a vivir una vida plena y dichosa, con las dificultades y limitaciones a las que todo ser humano tiene que hacer frente por el simple hecho deestar vivo.

Potenciar espacios de relación social y ampliar la red de amistades; ofrecer espacios de diálogo donde puedan hablar de los miedos a encontrar pareja, de la actitud protectora de la familia...; conocer los efectos secundarios de algunas medicaciones psiquiátricas con respecto a la inhibición del deseo sexual, y ofrecer una visión más amplia de lo que es la sexualidad abriendo la mirada a la ternura, la sensualidad, las muestras de afecto y la intimidad en la pareja.

Estos son algunos de los aspectos que se pueden trabajar desde los diferentes ámbitos de nuestraprofesión.
La sexualidad es un derecho de la persona, tenga la discapacidad que tenga o la enfermedad física o mental que sufra.

Intervención desde el trabajo social

Desde el trabajo social, tenemos un escenario de actuación muy rico, amplio y variado. Podemos trabajar estos temas desde el despacho del centro de salud mental o en el hogar de la persona afectada. Los podemos trabajar, siempre y cuando los tengamos en cuenta y pensemos que son de vital importancia para el ser humano. De la misma manera que lo pueden ser las diferentes tendencias sexuales o las diferentes creencias religiosas y espirituales. Todo configura al ser humano.

La Declaración Universal de los Derechos Humanos (art.2), la Carta de los Derechos Fundamentales de la Unión Europea (art.21), la Convención sobre los Derechos de las Personas con Discapacidad (preámbulo); la Constitución española (art.14), el EstatutodeAutonomíadeCataluña(art.15)yotrasdeclaraciones, convenciones, leyes y códigos éticos y deontológicos reconocen los derechos fundamentales, sin distinción por ningún tipo de condición o circunstancia personal o social.

Tenemos que trabajar para conseguir el respeto a la libertad, la autonomía y el placer, y en condiciones de igualdad, de las personas con algún tipo de discapacidad ya sea física, intelectual o derivada de una enfermedad mental. La Convención sobre los Derechos de las Personas con Discapacidad destaca "la importancia que tiene para las personas con discapacidad su autonomía e independencia individual, incluida la libertad de tomar sus propias decisiones" (punto N del preámbulo).

Cuando Antoni, un hombre de 47 años con una esquizofrenia residual y que vivía solo con una pensión no contributiva de 320 euros, nos dijo que de vez en cuando se tomaba media pastilla de Viagra, le hicimos saber que era un producto caro y que se lo tenía que recetar el médico de cabecera. Descubrimos entonces que, en la farmacia del barrio, la farmacéutica, con quien tenía muy buena relación, le daba las pastillas antes de que trajera la receta del médico y que se las había desaconsejado por los problemas circulatorios que podían provocarle. Antoni estaba ante un dilema –seguir tomándolas o no– que no había hablado ni con el médico ni con la farmacéutica. No tenía problemas para pagarse la medicación, pero se sentía culpable por desobedecer el médico.

Con delicadeza y prudencia hablamos del tema. Tenía una amiga esporádica, siempre la misma, también con esquizofrenia, con la que a veces solo hablaba y alguna vez "pues eso, tenemos relaciones", afirmaba Antoni. Hablamos de la culpa que sentía por desobedecer al médico y le preguntamos si le había explicado a este que eran encuentros muy esporádicos después de los cuales se sentía contento, tranquilo, y "normal". No había hablado de nada de todo esto con el médico, pero al ver que era más importante su estabilidad psiquiátrica y el bienestar que él mismo reconocía sentir después de mantener relaciones sexuales con una mujer, que se sentía "normal", su sentimiento de culpa se desvaneció y decidió comentárselo al psiquiatra para obtener su aprobación.

Sentirse "normal", sentirse incluido socialmente, sentirse una persona con derechos y deberes a pesar de su enfermedad mental. El propósito de la Convención es "promover, proteger y asegurar el goce pleno y en condiciones de igualdad de todos los derechos humanos y libertades fundamentales para todas las personas con discapacidad y promover el respeto a su dignidad inherente" (art.1). Argumenta que "las personas con discapacidad tienen derecho a disfrutar del nivel más alto posible de salud" y que, por lo tanto, los estados miembro deben proporcionar a las personas con discapacidad "programas y atención a la salud gratuitos o a precios asequibles de la misma variedad y calidad que a las demás personas, también en el ámbito de la salud sexual y reproductiva" (art.25).

La Convención sobre Derechos de las Personas con Discapacidad dice que los estados miembros se comprometen "a sensibilizar a la sociedad, incluso a nivel familiar, para que tome conciencia con respecto a las personas con discapacidad y fomentar el respeto de los derechos y la dignidad de estas personas" (art.8.a). En este sentido, profesionales y familiares que atienden o conviven con la persona con enfermedad mental tienen el deber de hacer realidad estos derechos de cariz individual. No perdamos de vista que la sentencia 89/1997 del Tribunal Constitucional español establece que las relaciones íntimas no son el ejercicio de un derecho, sino una manifestación más de la multiplicidad de actividades y relaciones vitales que el derecho a la libertad hace posibles y que solo pueden ser conculcadas como resultado de la privación legal de libertad.

Profesionales y familiares estamos todavía lejos de escuchar abiertamente las necesidades básicas de afecto y sexualidad de sus pacientes y familiares; lejos de recibir y dar formación e información sobre los efectos secundarios de las medicaciones psiquiátricas en relación con este tema y lejos de permitir el desarrollo real del proceso de autonomía del paciente como persona libre de escoger a quién quiere querer.

Conclusiones

Desde el amplio abanico de miradas que te brinda el trabajo social, disciplina que nos permite atender a las personas desde una unidad hospitalaria, desde el despacho del centro de salud mental o en la intimidad de su hogar, tenemos la posibilidad de advertir, detectar y diagnosticar aspectos muy sutiles del ser humano cuando vemos que no tiene asegurado el ejercicio de su libertad.

Eltematratadoenestecapítuloesunaspectodecapitalimportancia que tiene consecuencias directas en el bienestar de la persona en general, pero que incide negativamente en las personas que sufren trastorno mental si se obvia, se niega o se silencia el derecho a disfrutar de la propia sexualidad.

Por todos es sabido que todavía, en pleno siglo XXI, hablar de la intimidad, la sexualidad o las prácticas sexuales seguras es delicado, como también lo es profundizar en los aspectos más íntimos, personales y propios del ser humano. Y es aquí donde reside la elegancia que reclaman estos temas para tratarlos.

Tenemos que dirigirnos a las familias jóvenes con hijos adolescentes con trastorno psicótico que tengan en cuenta este aspecto como un tema del que hay que hablar y hacer emerger. Ciertamente, nos podemos encontrar con padres jóvenes con hijos e hijas adolescentes o jóvenes que mantienen conductas sexuales de riesgo, que consumen habitual o esporádicamente tóxicos o alcohol y que evitan hablar de estos temas porque piensan que el silencio desdibuja su presencia. Pero no es así, silenciar temas vitales los vuelve más tormentosos y difíciles de abordar.

Es necesario facilitar herramientas de educación sexual a las familias para que sepan por dónde pueden estar transitando sus hijos, que presentan síndromes prodrómicos previos al estallido de la psicosis; ofrecer información al joven con una psicosis sobre los efectos secundarios de las medicaciones neurolépticas con respecto a la posible inhibición del deseo sexual y de cómo canalizarlo.

¿Acompañar, proteger o incapacitar?

Introducción

"Hay que evitar el paternalismo porque es una expresión del autoritarismo", nos dice José Manuel del Pozo, filósofo de nuestros días. El doctor en filosofía advierte del peligro inherente al ejercicio de la tutela y a la protección de las personas, con el riesgo de caer en el error de decidir por ellas, cuando uno siempre tiene derecho a decidir. A pesar de que se le haya incapacitado.

El grado de protección que se ofrece a la persona debe ser proporcional a su grado de vulnerabilidad. Hay que vigilar el exceso de decidir por ella porque entonces podemos caer en su anulación. Autonomía, dignidad, bienestar son conceptos que están en debate en nuestra sociedad, pero de vital importancia cuando hablamos de colectivos frágiles y vulnerables. ¿Incapacitar para proteger a quién? ¿Qué? ¿De qué? ¿De quién?

Hay que tener muy claro, antes de iniciar un proceso de incapacitación, si con ello mejoraremos con creces la calidad de vida de la persona incapaz, si seguirá teniendo capacidad para opinar y decidir sobre su vida y si, en caso de que esté incapacitada, le ayudará a crear su propia opinión para que llegue a un acuerdo con la persona física o jurídica que ejerza su tutela.

Autoritarismo, paternalismo, beneficencia, infantilización... Todos son términos que dibujan una actitud de poder del tutor hacia el incapaz. Este capítulo pretende aportar diferentes ejemplos en los que, acompañando a la persona con trastorno mental severo a lo largo de su vida y en sus decisiones, podemos ayudarla a ganar confianza en sí misma y evitar procesos, a veces gratuitos, de retirada legal de la capacidad de obrar y decidir.

En otros casos, la solución es irremediablemente la incapacitación legal. Tenemos que estar cerca de las necesidades y posibilidades que tiene la persona con enfermedad mental, así como de las capacidades reales de la sociedad para dar solución a sus problemas y necesidades. Saber cuándo es necesario e imprescindible iniciar un proceso de incapacitación legal y cuándo responde a miedos de los profesionales o a inseguridades de las instituciones respecto a la evolución de un caso.

Acompañar y proteger

Llamé a la puerta del domicilio y me abrió un hombre de unos 54 años, apacible y amable, que me hizo pasar al comedor. Allí estaba su mujer; una mujer grande, gruesa, obesa, de unos 50 años. Y, al lado, en el cochecito, una niña de cinco meses preciosa, espabilada, bonita, que me miraba con ojos interesados y estiraba los bracitos para que la cogiera. Pedí permiso a los padres para cogerla y los dos me dijeron que "adelante". Hice la entrevista con la niña en los brazos; un encanto de criatura, dulce, alegre, risueña y muy bien alimentada. Al cabo de unos minutos, tuve que pedir una silla para sentarme con ella en el regazo.

Sabían que era la trabajadora social del centro de salud mental de adultos y que iba a verles porque Enriqueta, la madre de la criatura, hacía meses que no aparecía por el servicio a visitarse, aunque sufría un trastorno esquizofrénico que se debía controlar. Y aunque hacía años que no ingresaba, tenía que seguir las visitas periódicas en el centro con el psiquiatra y la enfermera.

Hacía unos meses, el psiquiatra había recibido la llamada de la trabajadora social del Hospital Clínic de Barcelona para decirle que Enriqueta había ingresado con dolores de estómago y había parido una criatura preciosa de 3,4 kilos. Enriqueta, durante los nueve meses de embarazo, estuvo totalmente desconectada de lo que le estaba pasando a su cuerpo. Nunca le explicó al psiquiatra que estaba embarazada porque ni siquiera ella no lo sabía. Pensaba que se engordaba porque comía más, dormía más y por los efectos secundarios de la medicación. ¿Había estado nueve meses embarazada y no se había enterado? Sí. ¿Estaba de parto y decía que tenía dolor de estómago? Sí. Se había encontrado de repente con una criatura en sus brazos, ¿su hija? Sí. ¿Tan desconectada estaba de la realidad como para que esto sucediera? Sí.

A todo el equipo nos daba miedo que la situación fuera desatendida y que intervinieran los equipos de protección a la infancia y los servicios sociales y se procediera a la retirada de la menor como una posible solución a la situación familiar que estaban protagonizando. Por ello articulamos una serie de visitas domiciliarias para valorar con detenimiento la atención a la niña y las capacidades parentales de sus cuidadores.

¿Atenderían bien a la criatura? ¿Qué red social tenían para hacerse cargo de ella? ¿A quién podían pedir ayuda si no sabían cómo actuar? ¿Con qué recursos económicos contaba la familia? ¿Podrían mantener al neonato y su crecimiento? ¿Qué planes tenían para la niña? ¿Tenían planes? Toda una serie de preguntas que nos hacíamos los miembros del equipo profesional del centro de salud mental de adultos. Enriqueta había parido a Berta y, después de tres días de ingreso en obstetricia, le habían dado el alta como a cualquier otra madre. Pero Enriqueta no era una madre normal.

A una edad avanzada, tenía una niña de cinco meses que a mí me parecía una criatura maravillosa, pero a ella le podía suponer un factor estresante que desembocara en una descompensación psiquiátrica y motivara un ingreso hospitalario. Sentada con la niña en el regazo, sentí que había un ambiente de calidez y alegría por tener un nuevo miembro en la familia. Se respiraba alegría y felicidad para cuidar de esta criatura. Ciertamente, no salían mucho en el discurso del padre ni de la madre expresiones como "mi hija", sino que se referían a ella como "la niña", como alguien que aún no ha sido asumido e integrado plenamente en el psiquismo y en el imaginario familiar. Tampoco es de extrañar. El padre, de 54 años, hacía solo cinco meses que tenía una hija.

Siempre hace falta un tiempo para crear el vínculo, y aún más si te ponen de repente a tu hija en los brazos sin saber que esperabas una. El susto y el impacto son importantes. Al padre se le veía atento a todas las demandas de Berta: el chupete, el biberón con agua, si olía o no a caca, si me incomodaba...

Él un hombre mayor, de piel pálida, vestido al estilo de los años 40, sin trabajo, pensionista por larga enfermedad, que había encontrado calor y compañía en Enriqueta. Hacía años que vivían juntos. Parece que Enriqueta se quedó a vivir con él. Ella hacía unos años que cobraba una prestación no contributiva porque, naturalmente, nunca había trabajado. La esquizofrenia hizo su aparición durante la adolescencia: "Siempre he estado así, gorda y enferma", afirmaba. El piso estaba anclado en los años 50 y tenía poca luz natural; unas bombillas iluminaban tenuemente el comedor.

Cuando volví al centro de salud mental, impactada por todo cuanto me habían explicado y tranquila por lo que había escuchado, el psiquiatra de referencia me preguntó directamente: "¿Hay que incapacitarla? ¿Podrán hacerse cargo de la crianza de la criatura?". "No lo sé, pero habrá que darles tiempo, acompañarlos en sus funciones parentales y ver cómo crecen los tres", le respondí.

Había que articular una serie de visitas en el domicilio, intercaladas con visitas en el centro de salud mental, con los diferentes profesionales que podíamos atender a la familia e ir viendo y comprobando que el crecimiento y la salud de Berta eran los correctos. Había que apoyar a Berta y a sus padres.

Nunca nos planteamos iniciar el proceso de incapacitación de Enriqueta. Esto la habría abocado directamente a la retirada de la guarda y custodia de Berta. Y nos estaba demostrando que actuaba como una buena madre y se ocupaba de la niña. Éramos conscientes de la fragilidad de la situación familiar. Pero era necesario estar cerca de sus necesidades y responder a sus inquietudes.

Pedro, el padre biológico de Berta, no reconoció a su hija. Por lo tanto, la responsabilidad de Berta recaía única y exclusivamente en Enriqueta, de 51 años y con esquizofrenia indiferenciada.

Había que estar alerta, que no es lo mismo que estar "en alerta". Cuando los servicios sociales de una comunidad se ponen "en alerta" conrespectoauna situación familiar,escomplicadotrabajar "con tiempo"; "con dignidad" y "con respeto hacia el otro". Las instituciones se sienten amenazadas y actúan rápidamente sin dar tiempo al factor "tiempo" y, por lo tanto, a "la evolución propia del ser humano".

Coartan voluntades, anulan decisiones, aniquilan posibilidades de crecimiento personal a cambio de ganar "tranquilidad" institucional, "blindar" el futuro de la persona y de su familia y "firmar" un "pacto de mínimos" conocido y consensuado por todo el mundo, negando así la posibilidad de un futuro incierto, pero también rico en posibilidades de cambio y mejora.

En nuestro caso, articulamos una "familia artificial" pero efectiva, constituida por profesionales y servicios sanitarios y sociales, perfectamente orquestados para que tocaran la música mucho más armonizada para el buen crecimiento de Berta. Pediatra, enfermera pediátrica, ginecóloga, médico de familia y trabajadoras sociales nos distribuimos los diferentes instrumentos musicales para ir perfectamente compasados y acompañar la crianza de Berta por parte de Enriqueta y Pedro.

Hubo dificultades, como en cualquier familia; hubo errores, como en cualquier familia; hubo aciertos y alegrías, como en cualquier familia. Y con el tiempo, llegó el momento del inicio de la niña en la escuela del barrio, un momento importante tanto para la familia como para los servicios que la habíamos ido acompañando, ya que entonces entraba en juego un nuevo equipamiento socializador.

No penséis que fue fácil convencer a los servicios sociales del barrio y al equipo de protección a la infancia de que no veíamos motivos para iniciar un proceso de retirada de la guarda y custodia de Berta ni de la incapacitación total de Enriqueta. Ellos no lo veían así, pero cerraban el caso diciendo: "es un caso de salud mental y la responsabilidad es vuestra".

Nunca es bueno atomizar las situaciones familiares y decir que "esto es de infancia, salud mental o inmigración". Pero, en este caso, iba a nuestro favor que tuvieran esta mirada sesgada por el miedo y el mandato institucional bajo el que trabajan. En este caso, desde el centro de salud mental podíamos tener una visión más transversal en el tiempo, esperanzadora en la evolución que hacían los tres, y, si hubiéramos detectado una situación de riesgo, hubiéramos podido consultar a los servicios especializados.

A Enriqueta nadie se planteó incapacitarla. Todo el mundo apostó por acompañarla en ser madre y en que llevara a cabo correctamente sus funciones parentales. No pudimos incidir en la calidad del vínculo, puesto que este aspecto íntimo e intransferible depende de la mirada y el reflejo entre madre e hijo: de cómo ella mira al bebé y como este se siendo mirado, valorado y valioso, escogido y elevado a significante significativo para ella. Y esta dualidad íntima se ve legitimada por el padre. Algún tipo de apoyo debíamos representar para Enriqueta y Pedro, puesto que Berta tuvo un desarrollo sano y adecuado.

Enriqueta no se desvinculó nunca del centro de salud mental de adultos hasta que, en los últimos años, cuando ya había cumplido los diez, solo se visitaba una vez al año. Los padres, con edad de abuelos jóvenes, criaron y educaron a Berta con amor, a pesar de que había aspectos externos que evidenciaban que la niña tenía unos padres mayores que desatendían los deseos puntuales que expresaba, como niña pequeña que era. Vestía con ropa anticuada que la escuela y el esplai se encargaban de modernizar tanto como podían y nunca nadie había ido a hacer los deberes o a jugar a su casa. A los padres no se les había ocurrido nunca.

Pero Berta era buena estudiante, aprobaba todos los cursos, tenía el material escolar necesario para hacer los trabajos de clase y la escuela se había encargado de proporcionarle las becas adecuadas para libros, comedor y actividades extraescolares. Parecía una niña bien relacionada socialmente y que gozaba de buena salud mental.

Acompañar y proteger

Nadie nunca incapacitó a su madre. Todos apostamos siempre por acompañarla en esa preciosa historia de amor de una madre con esquizofrenia, que sufrió un dolor de estómago y parió a una criatura.

Acompañarla, estar junto a ella, hacerle compañía, ser sus compañeros, estar por ella... Eso es lo que hicimos durante años los profesionales de diferentes disciplinas, procedentes de diversos servicios sociales y sanitarios. Y no penséis que siempre la orquesta tocó con los instrumentos bien afinados; tampoco siempre estuvieron todos a punto, ni siempre estuvieron todos, excepto el director de orquesta. Cuando este papel no lo hacía la trabajadora social del centro de salud mental, lo hacía el psiquiatra de referencia. Los profesionales cambian y se van de los servicios, pero el caso perdura, y lo que se construye en torno a él, también.

Había que mantener las capacidades maternales de Enriqueta, una madre mayor con edad de abuela, diagnosticada de esquizofrenia, obesidad y diabetes y con la responsabilidad de educar a una niña. Había que acompañar a Pedro, un hombre austero, serio y apacible, padre de edad avanzada que, a pesar de no reconocer legalmente a su hija, la cuidaba y la quería. Las cuidaba y las quería a las dos.

Uso y abuso del proceso de incapacitación

En la última Jornada Tècnica Encaix sobre el uso y abuso de las incapacitaciones, organizada por la Fundación Lluís Artigues (2014), decían que durante estos últimos 10 años se habían multiplicado por 10 el número de incapacitaciones y, sobre todo, en un 90%, en personas con trastorno mental severo.

Hace muchos años, había un gran desconocimiento profesional sobre los límites y el ámbito de actuación de una curatela o de una tutela. Se creía que esta era la fórmula mágica para solucionar la vida de personas en lista de espera para una plaza residencial; personas con un trastorno mental severo, descompensadas psicopatológicamente, que no querían seguir un tratamiento ambulatorio; personas que tenían largas y continuadas discusiones y amenazas verbales con sus familiares y vecinos que hacían difícil la convivencia, que se negaban a tomar la medicación; personas cuyos familiares consideraban que no querían trabajar cuando en realidad había un cuadro evidente de sintomatología psicótica; personas que estaban encerradas y aisladas en el domicilio, que tenían problemas vecinales... Y podría seguir enumerando otras muchas situaciones sociales y sanitarias que instaban a emprender procesos de incapacitación judicial.

Ninguna de estas situaciones se resuelve ni mejora con una sentencia de incapacitación. Pero hemos necesitado diez años para darnos cuenta de ello. Diez años durante los cuales jueces, fiscales, trabajadores sociales y fundaciones tutelares, entre otros, han estado tramitando procesos de incapacitación y resolviendo sentencias en este sentido.

Durante muchos años, se entendió que la incapacitación total resolvería casos de carencia de vivienda, obligaría a una persona a ponerse en tratamiento psiquiátrico o serviría para conseguir ingresar involuntariamente a una persona descompensada y encerrada en su domicilio. Se tenía una pésima información sobre los límites y márgenes dentro de los cuales puede actuar e intervenir una sentencia de incapacitación total. Y se creía que este trámite resolvería todo aquello que profesionales sociales y sanitarios no se veían capaces de solucionar.

Desgraciadamente, se privó de la capacidad de obrar y decidir a muchas personas, que dejaron de tener derechos civiles, para otorgarles un papel, una resolución judicial, una sentencia que los incapacitaba, pero que no les resolvía ninguno de sus problemas. Y lo que es peor, estas personas a las que el proceso de incapacitación no pasaba a articularles ninguna respuesta efectiva y operativa aumentaban el número de las que tenían que ser valoradas y aceptadas por una fundación tutelar.

Nacieron, en pocos años, fundaciones tutelares especializadas y fundaciones tutelares que acogían cualquier tipo de población. No olvidemos que una tutela tiene un precio y que, por lo tanto, durante muchos años se hizo un gasto inmenso e inadecuado de dinero público.

Actualmente, según la Convención Internacional de Nueva York del 2008, que en España entró en vigor silenciosa y lentamente a partir del 2011, contamos con otras figuras jurídicas como el asistente legal que pueden actuar puntualmente y ayudan a mejorar un aspecto concreto de la persona y con un coste muy inferior a un tutor legal.

"¿Qué es esto?", le pregunté a Herminia, una señora de 83 años que venía con su hijo, diagnosticado de esquizofrenia paranoide y totalmente compensado desde hacía muchos años. Ambos vivían en el piso de propiedad de la madre y habían recibido una carta del juzgado. "No lo sé, señorita. Lea. No lo sé". Leí y se trataba de la resolución de incapacitación total de Miquel, su hijo de 52 años, que no entendía nada. "¿Qué es este papel?, ¿qué quiere decir?, ¿qué he hecho mal?, ¿qué me harán?, ¿me encerrarán?", me preguntaba desesperado Miquel.

"No, nada de eso, estate tranquilo", le contesté. No supimos quién había instado a llevar a cabo el proceso de incapacitación, y mucho menos por qué ni para qué. Miquel cobraba una prestación que ahorraba, era plenamente consciente de su enfermedad de salud mental, hacía su tratamiento cuidadosamente, cuidaba de su madre, sabía hacer todas las tareas domésticas e iba a cantar a la coral del barrio.

¿Qué se quería proteger, el futuro de Miquel? Al parecer, hacía cinco años que, en un ingreso psiquiátrico por abandono de la medicación, algún profesional del ámbito social o sanitario pensó que sería mejor protegerlo de no sabemos exactamente qué, iniciando un proceso de incapacitación total. Tardamos tres años a conseguir la recapacitación. Actualmente, Miquel es un ciudadano con pleno derecho para tomar sus propias decisiones.

Miquel vivió muy mal esta resolución. Se sentía maltratado y humillado. Y no estaba lejos de la realidad, porque supone un maltrato importante que el desconocimiento que los profesionales del ámbito social o sanitario tienen del mundo judicial les lleve a instar procesos judiciales que dictaminen sobre aspectos tan íntimos e inviolables como la dignidad humana, el derecho a decidir o la capacidad de obrar.

Uno se tiene que sentir maltratado y golpeado cuando ve que tantos profesionales han tenido en sus manos la capacidad de decidir sobre el futuro de su vida y han dictaminado una incapacitación que no le resuelve sus problemas cotidianos. Pensemos que, en un proceso de incapacitación, como mínimo, participan el trabajador social que suele presentar los informes que describen la situación de riesgo y desprotección en que se encuentra la persona candidata a ser incapacitada, el médico forense que lo examina, el fiscal que protege sus derechos, el abogado que acompaña el procedimiento judicial y el juez que finalmente dictamina la sentencia judicial.

¿Cuándo hay que incapacitar?

El mundo judicial es todavía un estamento alejado de la sociedad, con un lenguaje especializado muy complicado de entender, muy cerrado en sí mismo, que no se da a conocer con facilidad al resto de profesionales sociales y sanitarios o de enseñanza, y mucho menos a la sociedad en general. Esto hace que las nuevas figuras jurídicas, como el asistente personal, que podemos utilizar desde la entrada en vigor de la Convención de Nueva York (2008), todavía se conozcan muy poco. Son figuras muy útiles y adecuadas para casos como el que os expongo a continuación.

José me comentaba durante una visita en el centro de salud mental que su hermana había pasado a tener la curatela. Me lo decía triste y amodorrado. "Me ha sabido mal, porque para mí es una humillación que mi hermana me dé cada día cinco euros". José es una persona de 49 años con trastorno esquizofrénico. Vivía con su madre y nos conocimos en un proceso largo de trabajo en el hogar para ayudarlo a mantener decente el domicilio y a hacer unas comidas adecuadas para su madre, muy mayor, que casi no se levantaba de la cama.

Ya entonces tenía ciertos problemas con el dinero y el juego. Cuando murió la madre, estuvimos haciendo un seguimiento en el domicilio de José durante un año. Sospechábamos que jugaba más dinero a las máquinas del que tenía, pero no podíamos intervenir.

Al cabo de unos años, la hermana pidió que se iniciara un proceso judicial de incapacitación parcial porque su hermano había acabado teniendo problemas con gente del barrio debido a la cantidad de dinero que debía. La hermana lo acogió en su casa, le ayudó a liquidar las deudas con los vecinos y alquiló el piso donde vivía su hermano. Ahora, ella tenía la curatela del chico y, de los 420 euros que cobraba, le daba cada día 5 euros para tabaco y café, y ahorraba el resto. Administraba también sus bienes patrimoniales y el alquiler que cobraba del piso de sus padres que, al morir, había heredado el hermano.

Dar la tutela, aunque sea parcial, a un familiar no es la mejor solución en los casos de personas con trastorno mental severo. Si todo va bien, la relación entre hermanos no tiene por qué deteriorarse, pero a veces se pasan malas épocas y los hermanos acaban revocando las sentencias de tutores o cuidadores. Es delicado mezclar lazos familiares y de relación afectiva con el cumplimiento de una sentencia judicial.

Entonces, las dos partes quedan afectadas y se dan sentimientos contrapuestos: "no lo he hecho lo suficientemente bien y me he quemado mucho —decía el tutor, hermano de un chico con trastorno bipolar—, pensaba que las cosas serían más sencillas y se han complicado mucho. ¡Por mí, que lo ingresen!". Y por su parte, el afectado por una enfermedad como el trastorno bipolar decía con resentimiento: "Yo a mi hermano lo quería como hermano, no como un juez a mi lado". Como decíamos anteriormente, es complicado mezclar el aprecio con la autoridad de hacer cumplir un orden judicial, y más complicado aún es resolver los sentimientos de culpa que se generan si el familiar se ve abocado a revocar la decisión judicial.

Sentimientos de culpa, de desesperanza y de impotencia aparecen en el familiar al que se le ha confiado una responsabilidad con un alto nivel de riesgo y de posible fracaso. Y por parte de la persona afectada surgen sentimientos de indignación. Han malogrado la relación familiar para que acabe siendo la justicia la que dictamine una figura jurídica que se haga cargo de su tutela. Estas situaciones descritas responden perfectamente al alcance de actuación de la figura del "asistente personal", una figura voluntaria, flexible y muy operativa que actúa para proteger un aspecto puntual y concreto durante un tiempo determinado.

En cambio, cuando nos encontramos con unos padres mayores con un hijo único, adulto, con esquizofrenia y con más de 40 de años de evolución de la enfermedad, con nula capacidad de autonomía y de lo que significa vivir solo sin sus referentes familiares, es un caso indicado para instar un proceso de incapacitación total. Cuando tiene un piso de propiedad y una economía suficiente para mantener un buen nivel de vida, pero le hace falta una fundación tutelar que vele por su salud física y mental y por el mantenimiento de los gastos cotidianos de la vida diaria. O cuando nos encontramos con una situación como la que describo a continuación:

Un hombre solo, de 55 años y con esquizofrenia, perfectamente compensado y estabilizado psicopatológicamente, que vive en su piso, heredado de los padres, y al que su hermana visita semanalmente para hacer seguimiento del estado del piso, de la comida de la nevera y de su diabetes, por la que pasa controles mensuales con el endocrino. A pesar de su estabilidad y buena relación social, puntualmente, aparece angustia y desazón que calma jugando a las máquinas de los bares del barrio. Entonces, la hermana se inquieta y le amenaza con alquilar el piso y llevarlo a una residencia.

Este es un caso propio de una curatela: los ahorros estarían protegidos y la hermana estaría tranquila y no le tendría que amenazar, sino que le podría ayudar a superar estos episodios de ludopatía. Vemos que no hay que pensar en procesos de incapacitación ante casos caóticos, desbordados, en el que todos los servicios se sienten “amenazados”, que reclaman ingresos judiciales, etcétera.

A menudo son casos compensados, atendidos en la red de salud mental, en los que esta herramienta jurídica complementa la situación familiar y económica que presentan y puede ser eficaz para velar y proteger los derechos personales del ser humano. Tenemos una corta historia en este país sobre resoluciones de tutelas y sobre cómo estas se han ido desarrollando, pero contamos con la experiencia de más de 3.600 casos atendidos durante estos últimos 10 años por entidades tutelares, únicamente dirigidas a personas con trastorno mental severo, y que nos permiten pararnos a reflexionar, identificar cuáles son las malas praxis que deterioran las relaciones humanas y profesionales y cuáles actúan como figuras protectoras y veladoras de la persona con trastorno mental cuando le llega un momento en que tiene serias dificultades para decidir y gobernar su propia vida.

Conclusiones

Antes de iniciar un proceso de incapacitación, habría que preguntarse si realmente es imprescindible o si lo hacemos por miedo a lo que pueda pasar. Si lo hacemos por mandato de la institución o por otros motivos que no controlamos. Antes de iniciar un proceso de incapacitación, habría que preguntarse qué necesita aquel caso o cuál es la situación familiar para no llegar a estos extremos. Y, como si de un sueño se tratara, intentar diseñar las figuras de apoyo necesarias y el equipo de trabajo capaz de sostener, durante unos años, la situación hasta que esta adquiera solidez y pueda caminar sola.

Nunca se resuelve todo con una sentencia de incapacitación. Siempre hay medidas diferentes que todavía no hemos aplicado; siempre hay posibilidades de trabajar más cerca del paciente, en el domicilio, para darle seguridad, continuidad y protección. No hacen falta nuevas figuras profesionales ni más financiación. A veces, se trata de creer que un trocito de cada uno de los profesionales del entorno de aquella persona puede hacer de figura tutelar que supervise dudas, clarifique errores y le muestre el camino más adecuado ante posibles adversidades.

Vuelvo a insistir, nunca podemos instar la incapacitación de ningún ser humano porque nos dé miedo su futuro, que se quede en la calle sin hogar, que acabe siendo un paciente crónico de "puertas giratorias" o que acabe consumiendo tóxicos y delinquiendo. Nada de todo esto se detiene o se soluciona con la sentencia de una incapacitación legal. Lo detiene una buena política de viviendas sociales, una buena implementación de recursos de salud mental, una buena implementación del Estado de bienestar...

Tenemos que ser muy íntegros con nosotros mismos, como profesionales, y con el ser humano al que atendemos para no hacerle propuestas más indignas que la propia situación que ya está sufriendo. Es necesario que todo el mundo conozca al por menor todas las figuras judiciales que nos propone la Convención de Nueva York del 2008. Hay que dar a conocer con lenguaje asequible y entendedor las diferentes figuras jurídicas y las diferentes alternativas que nos propone este nuevo marco legal. Y conviene darlas a conocer a las personas con enfermedad mental para que sepan que existen y que las pueden solicitar voluntariamente.

Hay que hacer más cercanas y asequibles las diferentes figuras judiciales para que no queden solo a merced de unos cuantos que, movidos por sus conocimientos o curiosidad, están al día de las novedades jurídicas y de los derechos que tenemos como personas. Es indispensable que los profesionales de atención primaria estén muy informados del margen de actuación de una resolución de incapacitación total o curatela para que la insten adecuadamente.

Es necesario que jueces y fiscales tomen la decisión de desplegar más y mejores figuras jurídicas más flexibles y dinámicas, aunque ello signifique que el Departament d'Afers Socials y Família tenga que dedicar financiación para estas nuevas medidas judiciales. Hay que entender la incapacitación como un complemento de los derechos personales y no como una sustitución de los mismos. Y hace falta que estos procesos judiciales velen para seguir respetando y manteniendo aquello genuino del ser humano.

Cristina Páez Cot

Prevención y promoción de la salud mental

Introducción

Los trabajadores sociales especializados en salud mental no solo trabajamos con la población afectada. Nuestro trabajo también se centra en la prevención y la promoción de la salud a través de programas que detectan e identifican a personas que pueden estar en una situación de riesgo social y valoramos si pueden mejorar su condición y calidad de vida.

A menudo, población, instituciones y profesionales esperamos el diseño de grandes programas de prevención, dotados de una importante financiación económica, que aseguren la mejora de las personas con un trastorno mental severo y la de sus familias. Aun así, la prevención, la coordinación, el trabajo en equipo o la visión integral del ser humano son modelos de trabajo profesional que remiten más al profesional en cuestión que a grandes campañas institucionales para luchar contra el estigma o a planes de intervención diseñados desde la administración pública que lleven el nombre de planes integrales. No olvidemos que a menudo se instrumentaliza la salud, primer escalón del Estado de bienestar social, como instrumento político que forma parte de un programa electoral.

Trabajar con dignidad y respetando la dignidad del otro es un valor del ser humano, una mirada de aprecio y confianza hacia las capacidades y posibilidades que uno tiene y que el profesional del trabajo social tiene que ayudar a descubrir y a potenciar. Nunca responde al interés de ganar votos sino al compromiso personal de dignificar al ser humano.

El trabajo social tiene en el hogar un espacio de intervención con la persona que sufre un trastorno mental severo, una oportunidad única para detectar y preveer aspectos relacionales y sociales, individuales y familiares, que pueden mejorar si el profesional los muestra poco a poco y con el tiempo necesario para que la familia pueda entenderlos y permitir su cambio y modificación.

Cuando a las familias de las personas con trastorno mental severo les hablas de prevención, a menudo te miran como a una persona extraña que utiliza palabras que les cuesta entender. Aun así, cuando lo ejemplificas y lo concretas en situaciones reales de la vida cotidiana y ven que, si no son tratados estos aspectos psicosociales, sus familiares pueden deteriorarse y

Cristina Páez Cot

El vínculo, la clave del cambio

A menudo esperamos que nos faciliten herramientas y programas de prevención, ya sea desde la administración pública o desde las instituciones donde trabajamos. Que nos ayuden a modificar casi de forma mágica las necesidades presentes y futuras de las personas con trastorno mental, perdiendo de vista que como profesionales del trabajo social tenemos en nuestras manos una de las herramientas más potentes en cuanto a prevención y predicción del deterioro humano: el vínculo.

La relación de confianza y de trabajo que establecemos con la persona afectada es generadora de cambios espectaculares en el ámbito domiciliario. La potencia de la relación de confianza entre profesional y afectado puede llegar a ser tan elevada que si lo aprovechamos adecuadamente, podemos movilizar muchas capacidades y estrategias de la persona y de su familia que ayuden a prevenir situaciones de deterioro o de probable riesgo social.

acabar ingresados o incapacitados de por vida, lo comprenden y piden intervenciones que protejan su futuro.

Prevenir, del latín *praeventio*, saber ver el riesgo de la situación psicosocial que estamos trabajando y proponer las estrategias de intervención necesarias para evitarlo. Está claro que es necesario contar con plazas residenciales para personas con diferentes grados de autonomía; pisos de alquiler social para que se puedan independizar personas jóvenes que cobran apenas el sueldo interprofesional; clubes sociales en todos los municipios catalanes para trabajar la inserción social y comunitaria de la persona y su mantenimiento en el entorno habitual; puestos de trabajo insertados en bolsas de trabajo normalizadas con medidas de protección social y sanitaria ante las bajas laborales que este colectivo, como otros, puede hacer.

Pero mientras luchamos para conseguir todas estas necesidades, no podemos perder de vista las herramientas e instrumentos propios de la profesión del trabajo social que nos permiten intervenir desde el hogar, desde el centro de salud mental o desde el centro de atención primaria sanitaria conjuntamente con los servicios sociales municipales, mediante una metodología de intervención social con una impresionante capacidad de cambio y transformación. El vínculo con el otro y su poder transformador.

Detección precoz del trastorno psicótico y prevención integral

Tal y como ha sucedido en otros problemas de salud, el ámbito de la salud mental está empezando a interesarse cada vez más por la posibilidad de desarrollar herramientas de detección precoz de la psicosis que hagan posible una intervención preventiva tan pronto como sea posible.

Se trata de un cambio progresivo de paradigma en la atención bio-psico-social de la persona y su familia.

Focalizar la investigación en la definición de los diversos estadios del trastorno para comprender mejor las características propias de cada etapa, las trayectorias de riesgo y de progresión en gravedad y / o cronicidad, así como las trayectorias de resiliencia (resistencia) ante la eclosión de la patología.

Conocer bien las fases tempranas permitirá desarrollar marcadores de alteraciones sutiles iniciales que deberían ayudar a identificar de forma fiable las personas que podrían beneficiarse de intervenciones preventivas.

Detectar las carencias y vacíos comunitarios, educativos, laborales, de ocio y formación académica a las que se ven abocados los nanos y jóvenes que irrumpen en un trastorno psicótico debe dar la llave a la sociedad en el diseño de la cartera de servicios urgentes que tiene que dar respuesta a esta juventud.

El interés en la detección precoz y la prevención se ha iniciado seriamente desde hace unos quince años en salud mental en general y en las psicosis en particular. Este interés deriva, en primera instancia, de que no existe una cura satisfactoria para los trastornos psicóticos y por tanto, no existe un aprovechamiento absoluto de las capacidades personales, emocionales, relacionales, formativas, laborales y de autonomía de la persona que lo padece.

Si bien los tratamientos disponibles ofrecen un notable alivio de los síntomas y dan muy buen resultado en una buena proporción de casos, hay todavía mejorar mucho su eficacia y disminuir los efectos secundarios.

Por otra parte, se ha planteado que el impacto de los tratamientos paliativos actuales podría ser mayor si se aplicaran intensivamente en las fases iniciales de las psicosis, posiblemente porque los mecanismos de formación de síntomas son más incipientes y por tanto maleables, los síntomas están menos atrincherados y hay menos complicaciones biográficas secundarias a los síntomas.

La pérdida de amigos, de la red social, los itinerarios académicos y formativos, la pérdida de trabajo o de la imposibilidad de entrar en el mercado laboral, son siempre esdeveniemts vitales con un trágico eco por la persona tanto o más importantes que los propios síntomas. La familia como agente de cambio y transformación social y como agente de acompañamiento de procesos de vida, largos en el tiempo, también tiene un lugar prioritario en estos descubrimientos.

El optimismo terapéutico ante el diagnóstico de un trastorno psicótico hace que el impacto del mismo sea menos traumático y venga acompañado de posibilidades reales de recuperación de los diferentes aspectos dañados por el trastorno. Esperamos que el tratamiento intensivo ante las manifestaciones muy iniciales pueda abortar la aparición del trastorno o conseguir con esta intervención precoz retrasar su inicio.

Esto permitiría que la persona –habitualmente joven– viva experiencias y adquiera capacidades personales que, además de ser base de su identidad y autoestima, serán recursos útiles en la gestión del trastorno si éste finalmente se manifiesta.

Retrasar la aparición del trastorno, suavizar la gravedad de los síntomas y facilitar la recuperación de los aspectos dañados por estos son algunos de los ganancia importantísimos que conseguimos con la detección y tratamiento precoz de la psicosis aumentando así la capacidad de respuesta que la persona pueda tener delante un escenario totalmente diferente al actual.

Ciertamente, cuando hablamos de prevención, no solo hay que hablar de estos temas que remiten al final de la vida. Cuando hablamos de prevención hablamos paralelamente, de autonomía, es decir, de la capacidad de la persona para solucionar por sí sola los problemas cotidianos de la vida diaria y de saber pedir la ayuda necesaria a la persona adecuada.

Así pues, hablamos de ganar cuotas de autonomía en las actividades de la vida cotidiana de la persona afectada y de que su familia (padres, madre, viuda o hermanos) le permitan adquirirla y le validen los avances obtenidos.

Históricamente, las personas con patologia mental eran atendidas únicamente desde la vertiente farmacológica y el internamiento psiquiátrico, con el que solo se atendía el apartado de farmacología. Largos paseos al sol por los patios de los manicomios eran la única "terapia rehabilitadora" que se les ofrecía. Por una parte, se tenían pocos conocimientos acerca de procesos rehabilitadores, y por otra, tampoco se apostaba por estas terapias ya que se entendía que el "loco" tenía que estar alejado de la sociedad y poco más.

Es evidente que hemos conseguido un gran salto cualitativo desde que hace 35 años se inició la reforma psiquiátrica. Estas personas volvieron a sus hogares y se inauguraron toda una serie de equipamientos sanitarios, sociales y laborales que potencian su recuperación social y la integración en la comunidad.

A pesar de todo, en el imaginario social y en algunas familias todavía actúa firmemente la idea equivocada de que estas personas no pueden hacer nada, y se las excluye duramente del tránsito social y de los flujos relacionales de la vida cotidiana. Y pensaréis: ¿pero este no es el proceso normal de una familia generadora de amor que ayuda a crecer sus hijos? Pues no, a veces, no.

A veces, las familias que tienen en su seno a una persona que ha sufrido un trastorno mental, que puede ser severo y bastante deteriorador, han sufrido mucho. Han vivido descompensaciones graves del familiar afectado, situaciones de locura muy intensas, han temido por el futuro de su hijo, han llorado por lo que les ha tocado vivir, se han desesperado tanto al no encontrar respuestas claras para las preguntas planteadas que establecen unas dinámicas de protección y sobreprotección que no ayudan al crecimiento y a la autonomía del hijo. Todo lo contrario, promueven su involución y su estancamiento. Es natural, ante el sufrimiento mental y emocional de un hijo, la familia puede estructurarse parapetándose en el mantenimiento de la estabilidad conocida, negándose a que se produzcan cambios familiares e individuales que dan miedo, a pesar de que auguren posibilidades de mejora. La familia se cierra como un dique que protege y aguanta.

Mejor pronóstico ante el diagnóstico de psicosis

El impacto de los tratamientos actuales podría ser mayor si se aplicaran intensivamente en las fases iniciales de las psicosis, nos dice la Dra. Barrantes –Sesión Clínica Mayo / 2019, FHSPC–. Este es un gran cambio de actitud en el ámbito de las psicosis donde tradicionalmente ha existido un pesimismo radical ante el diagnóstico de un trastorno mental grave.

La constatación creciente de que no todas las formas de psicosis son graves, crónicas y deteriorantes, sino que hay un amplio espectro de cuadros clínicos con síntomas psicóticos leves y/o intermitentes que permiten una adaptación razonable en el entorno, por un lado, y la constatación de que cuanto más rápido se ofrece un tratamiento especializado psicológico, farmacológico y social la capacidad de recuperación es mucho mayor y el pronóstico a largo plazo es mucho más favorable consiguiendo una mayor adaptación personal y familiar a todos los ámbitos de la vida cuotidiana hacen que este diagnóstico tenga un impacto más aliviador y con esperanzas de futuro.

A pesar de estas evidencias, estudios epidemiológicos recientes apuntan a que el tiempo de demora entre el inicio sutil de la psicosis y el acceso al tratamiento es muy grande, encontrándose un promedio de unos cinco años, entre el primero y el segundo. Demasiado tiempo para un trastorno de graves dimensiones psíquicas y relacionales.

Esta diferencia entre la alteración mental y la aparición clara de disfunciones en la conducta y demanda de ayuda del entorno parece sorprendente, pero hay que tener en cuenta que las alteraciones son sutiles y se gestan de forma progresiva. Además, la persona no tiene mucho conciencia y generalmente no las comprende apareciendo la culpa, la vergüenza y el estigma asociados al sufrimiento mental que es aún enorme en nuestra sociedad. Todo ello no ayuda a la comunicación de esta realidad interna ni tampoco a la comprensión por parte de quienes se encuentran en el entorno de experiencias que la mayoría de personas desconoce o no sabe cómo interpretar.

Jossao tiene 17 años y vino de Brasil a los 14 años. Hace un año que le dieron el alta del Hospital de Día de Adolescentes y lo derivaron a un equipamiento especializado en el acompañamiento individualizado a jóvenes con problemas de salud mental de 16 a 25 años.

La madre y su hermano pequeño viven en Brasil y el chico vive solo con el padre que trabaja doce horas diarias. Se ven por la noche pero ni uno, ni el otro tienen ganas de hablar. El padre porque llega cansado de trabajar y el hijo porque hace demasiado tiempo que no habla con nadie.

Rasgos psicóticos y ansiedad generalizada es lo que nos han hecho saber como motivo de ingreso en el hospital de día. Al alta clínica la trabajadora social del servicio estaba muy preocupada por este chico, buena persona, joven, con posibilidades formativas y laborales pero sin ninguna red social, ni familiar que le diera el apoyo, estima, amor y reconocimiento que todo joven necesita a estas edades.

Tampoco tiene amigos porque desde que llegó de su país no se ha vinculado a ningún centro educativo, ni formativo, ni de ocio, ni de deporte. Tendremos que ayudarle a ir creando una red social y relacional que le permita que salga de este recóndito lugar de confort en el que la colocado nuestra sociedad y estos rasgos psicóticos sutiles y sin especificar. Su padre no lo entiende y dice que tiene edad de trabajar. Jossao está muy lejos de poder mantener una formación académica que le permita buscar algún tipo de trabajo especializado pero nuestra sociedad también está muy lejos de poder ofrecerle un espacio relacional, un entramado social y comunitario que crea en él y en sus capacidades y le oriente y le sitúe en el camino adecuado de una formación académica de interés para él.

Sociedad y mundo laboral están lejos de ofrecer un abanico de proyectos formativos con periodos de prácticas reales que preparen al joven con ciertas dificultades relacionales para su incorporación al mundo laboral y al mundo de los adultos. Aquí es donde el trabajo social y otras profesiones del ámbito de la salud mental tienen un largo camino por recorrer. En nuestro caso, el trabajo social da la mano a la persona con problemas de salud mental para que confíe en sus propias capacidades y posibilidades de desarrollo y a la familia, para que le permita realizar los cambios, aprenda a validarlos y sea capaz de sostenerlos a lo largo del tiempo. Y al mismo tiempo, establece un dialogo continuado con los recursos sociales y comunitarios para que entiendan, acepten e incluyan a las personas con esta diferencia tan invisible.

Una sociedad y un momento histórico en el que la estética tiene un precio elevado; el sufrimiento emocional se niega o se medicaliza –una alternativa más a la negación–, se venera la eterna juventud, la rapidez del hacer, las innovaciones que aportan las TIC y donde la invisibilidad del sufrimiento y la cronicidad lo tienen difícil para hacerse oír y escuchar. En una sociedad así resulta difícil tener un lugar digno en el imaginario colectivo y un lugar real en el diseño y despliegue de las políticas públicas.

A continuación, veremos dos ejemplos con los que intento mostrar cómo desde la intervención del trabajo social en el ámbito domiciliario, trabajando el vínculo y las relaciones familiares, podemos incidir directamente en la prevención.

En el primero, a partir de indagar en las demandas de la madre, llegamos a confluir con sus necesidades y, finalmente, influimos en la mejora del hijo afectado por un trastorno esquizofrénico con rasgos autistas. En el segundo, se ve gráficamente de qué manera, cuando se generan movimientos y cambios orientados a ganar autonomía, toda la familia puede optar por replegarse hacia la cronicidad, hacia aquello que les resulta conocido y les proporciona tranquilidad, impidiendo así cualquier cambio hacia delante.

La prevención, un aspecto a trabajar con las familias

"Se ha ido la educadora, pero ponme a otra porque yo al menos necesito un par de horas para estar tranquila. ¿No lo ves? Es que no puedo más, pero tampoco le quiero llevar a una residencia porque, mientras yo pueda, quiero hacer lo posible para cuidarle. Ya sé que hace años que la del centro me presiona, pero es que yo no lo quiero ni oír. Pero descansar unas horas, sí".

Nos lo decía la madre de Juan, Pedro y Carolina. Ella tiene 68 años y los hijos 45, 43 y 32, respectivamente. El marido había muerto hacía siete años. Juan, diagnosticado de un autismo infantil y posterior trastorno psicótico; a Pedro, hombre rígido y "opositor" de profesión, no se le conocía ningún trabajo y se pasaba el día en la biblioteca "estudiando para oposiciones", y Carolina, con una diplomatura acabada, se quedó embarazada de una persona con problemas de papeles con quien, después de tener la criatura, derivó hacia los maltratos y las denuncias. Los cinco vivían en un domicilio de tres habitaciones muy pequeñas. La madre dormía sola, los dos hermanos, en la cama de matrimonio, y la hija con la niña, en una cama de 90 centímetros. El ambiente que se respiraba a primera visita en el domicilio era de poco espacio real y relacional; cuando en un domicilio pequeño vive tanta gente, las paredes parece que se junten en lugar de separar y delimitar espacios. Las habitaciones tan pequeñas para personas adultas se hacen angustiosas y claustrofóbicas y estas percepciones de limitado, parado y cerrado se transmitían la primera vez que llegamos al domicilio. Eso sí, estaba muy limpio y olía muy bien. Estaba claro: Elisa, madre de familia, no paraba de trabajar en todo el día, a pesar de los dolores de espalda continuados, el colon irritable que la hacía ir continuamente al baño, una obesidad importante y otros problemas de orden físico.

Hacía cinco años que habíamos empezado a intervenir en el hogar. El miedo a que "internáramos" a Juan en una residencia "para siempre jamás" hacía que nos explicara las verdades a medias. No quería, pero es que nosotros tampoco lo pretendíamos. Pero teníamos que dejar que fluyeran todos los miedos, dudas y malentendidos e ir aclarando, descifrando, explicando y mostrando, con nuestra intervención clara y sincera, nuestras intenciones, observaciones, posibilidades, competencias institucionales y legales, así como lo que correspondía al orden de las fantasías y los pensamientos inconsistentes, más que a la realidad de nuestra intervención. Durante el primer año de intervención en el hogar, hicimos unas visitas al domicilio porque la madre tenía muchos problemas físicos para trasladarse a la entidad y tampoco quería dejar a Juan solo en casa. Decía que se ponía nervioso y gritaba y esto provocaba que los vecinos se quejaran. Fruto de este proceso de intervención en el hogar, Juan se vinculó al programa Respir para personas con trastorno mental severo, una de las posibilidades que había para que la madre descansara un par de días al mes.

Durante el segundo año de intervención con la madre, la visitábamos cada tres meses, pudo comprobar que no teníamos la más mínima intención de ingresar a Juan en ninguna residencia ni pretendíamos sacarlo de su casa. Pero comentamos la posibilidad de que, ante una operación repentina o programada de la madre, una caída inesperada, cualquier otra circunstancia vital que hiciera que la familia no se pudiera ocupar de él, siempre podría acudir temporalmente a un servicio residencial.

A medida que fueron desaparenciendo los miedos y fantasías de la madre en relación con el hecho que pudiéramos "encerrar" a su hijo en un centro residencial, su confianza en nuestra opinión acerca de cómo veíamos la situación familiar ayudó a que Juan aceptara participar en un programa de apoyo psico-educativo en el hogar. Después de cinco años de eliminar miedos de la madre y de la hija a que pudiéramos tramitar la retirada de la menor, las fantasías infundadas de encerrar al hijo y las demandas desbordadas de resolver todos los problemas de la situación familiar, pudimos intervenir en la mejora de la familia.

Fluir, confluir para influir

Los miedos y resistencias al cambio pueden fluir cuando trabajamos respetando al otro, su diferencia y sus rasgos genuinos.

Se produce la confluencia de expectativas cuando estas han sido claramente expuestas y verbalizadas por ambas partes, cuando no se obliga a nada ni a nadie, cuando el profesional escucha el malestar y la angustia de tener a un familiar enfermo. Cuando no juzga ni diseña planes de futuro para cada miembro de la familia, sino que escucha, comprende el sufrimiento vivido y pide qué quieren cambiar para sentirse mejor.

Es entonces cuando el usuario se siente escuchado, atendido, entendido, respetado, aceptado y con libertad de expresión y decisión; cuando se abre una posible brecha que facilitará nuestra intervención. Para eso hemos necesitado cinco años. Cinco años de intervención prudente, a medida, de baja intensidad, de presencia en la ausencia, de respecto de las libertades, de cuidado del sufrimiento emocional y de confiar en las posibilidades de cambio y mejora de las dinámicas familiares.

Prevenir la claudicación de la madre y prevenir que este núcleo familiar se deteriorara tanto como para que pidiera el ingreso involuntario de Juan, era el objetivo de nuestra intervención.

Cuando la familia claudica y dice "¡basta!"

Los profesionales ponemos ganas, expectativas y esperanzas en el cambio. Pero, a menudo, tenemos que aceptar la realidad que limita, la realidad que detiene; aceptar que las familias claudican, se cansan y quieren mantenerse en la estabilidad conocida y tranquilizadora. "No puedo más, mí salud se va a ir detrás de él y no estoy dispuesto a ello. ¡Al menos, que alguien en esta casa esté un poco sano!", nos decía, claudicando, el padre de Felip, un chico mayor, obeso, alto, enfermo, grave y crónico. Inamovible en su estabilidad, cronificado en su gravedad, petrificado en su iatrogenia relacional.

Felip había vivido pocos años de salud mental. A los 15 años, situaban la aparición de las primeras voces y de las primeras manifestaciones de sintomatología psicótica. Sufrió dos ingresos largos, el último de dos años, en una unidad de alta dependencia. Porque no es que fuera alta su dependencia, sino que casi no reconocía autonomía en ninguno de sus aspectos personales, relacionales, cognitivos y sociales.

Su única experiencia socializadora había sido inaugurar y permanecer 25 años en el centro de día de su barrio. Felipe creció entre personas con enfermedad mental. Dejó la escuela a los 12 años y, desde entonces, había sido un "paciente de los servicios de salud mental". Su madre, también. Con 72 años, me comentaba totalmente convencida: "Tengo vida eterna y enterraré a mi hijo y a mi marido". Una esquizofrenia residual con un proceso de deterioro cognitivo, propio de la edad, la convertían en una persona vital y potente para lograr poner límites e impedimentos a los cambios que proponíamos para mejorar la situación familiar.

Con cuidado, tacto, prudencia y atentos a todas las emociones que iban surgiendo en las diferentes entrevistas que hicimos en el domicilio durante los primeros seis meses del año, en coordinación con la psiquiatra del centro de salud mental de referencia y con la trabajadora social del servicio de rehabilitación comunitaria, con quien era necesario que se volviera a vincular, volvimos a "tejer" la red de profesionales y servicios que tenía que sostener un proceso de vinculación difícil de conseguir.

Rescatar aspectos de socialización para conseguir la inclusión social de Felip y su familia era un proceso de alto nivel de complejidad. Y Josep, el padre, claudicó. No pudo soportar los movimientos que implicaba cualquier cambio que desde fuera se introdujera en la dinámica familiar, a pesar de que hacía solo un año, pedían a gritos que se les ayudara, afirmaban que no podían más con la situación de dependencia total y absoluta que tenían padre e hijo. Iba con él a todas partes, salía a la calle, pero siempre con el padre o con los padres. Y Josep estaba cansado de este alto nivel de dependencia personal. "No me deja vivir, me ahoga. No puedo ir sin él más que a la asociación de familiares".

Solo hacía cinco meses que a Felip le habían dado de alta en la unidad de alta dependencia donde estuvo ingresado durante dos años. Le recordamos al padre que hacía poco tiempo que vivían libres del "reclutamiento" que suponía convivir con él y que los cambios serían lentos, largos, invisibles y efímeros en el tiempo.

La experiencia laboral en el trabajo con la cronicidad nos da herramientas suficientes para saber que tenemos que detectar los cambios en la forma y no tanto en el contenido,

"Expertos detectores de cambios efímeros"

Enelproceso de lacronicidadganaelendurecimientoyla rigidez de las estructuras internas. Cuando la cronicidad de los aspectos cognitivos, relacionales, funcionales se hace evidente y gana terreno a la flexibilidad y el dinamismo que reclama cualquier proceso de cambio, losprofesionalesnos tenemos queconvertiren "expertos detectores de cambios efímeros". Porque estos cambios están, se producen y tenemos que saberlos rescatar para mostrárselos al paciente y a la familia.

Aun así, cuando hace tantos años que la desesperación se ha instalado en una familia, cuando la mejora es literalmente increíble, cuando la consigna sanitaria es la resignación, cuando el futuro probable es el presente conocido elevado a la máxima potencia de malestar, acompañar a alguien a cambios efímeros y dirigir la mirada hacia procesos microscópicos es un proceso largo y tormentoso. Es un proceso lleno de cambios de humor, de sentimientos de impotencia y de expectativas frustradas de unos deseos omnipotentes, irreales e imposibles de conseguir.

como cambian las formas de un calidoscopio donde de una estructura a otra varían los colores, las imágenes, la figura y por supuesto las emociones de sorpresa, interés, curiosidad, alegría y bienestar que produce ver cómo la misma estructura es capaz de constituirse en formas diferentes. Pero los cambios son efímeros, duran poco tiempo.

Felipe acostumbraba a dormir de 21.00 a 00.00 h en la cama y a levantarse y pasar el resto de la noche en el sofá. Los padres dormían. La madre, a las 6.00, le daba el almuerzo y la medicación y le invitaba a volver a la cama hasta las 11.00 o las 12.00. Es comprensible, así solo comían y pasaban la tarde juntos.

Al empezar nuestra intervención con Felipe trabajando la vinculación al servicio de rehabilitación comunitaria, le pedimos a la madre que los dos días que íbamos a buscarlo a casa no le hiciera volver a la cama, puesto que a las 10 de la mañana, cuando lo recogía la educadora, estaba excesivamente adormilado y consecuentemente malhumorado.

Inicialmente, la madre accedió, pero hizo lo que siempre había hecho: "Si yo no le digo nada, es él quien se va a dormir". Le explicitamos que le tenía que decir que a las 9 AM no volviera a la cama, para evitar que se durmiera de nuevo. Y aquí surgieron los primeros desacuerdos entre la pareja, ya que la madre no le decía nada y el padre se enfadaba con la madre. Y también los primeros enojos y alteraciones de carácter de Felipe, que con su altura y sobrepeso asustaba a los padres, que dejaban de hacer cambios y volvían a la rutina anterior que conocían y les tranquilizaba.

Felipe, a pesar de la carencia total de socialización, se adaptó muy bien a dos actividades. Los educadores del servicio de rehabilitación comunitaria, conocedores de las dificultades que supondría la vinculación de este paciente, le habían puesto ganas, ilusión y habían aceptado sus limitaciones, valorando la capacidad de adaptarse al grupo.

Pasados cinco meses, con vacaciones de Navidad incluidas, que para este tipo de pacientes provocan retrocesos muy potentes, se había conseguido ya que la madre cambiara su comportamiento y que Felipe aumentara el tiempo de estancia en la actividad. Pero los cambios de humor y el carácter del chico que aparecieron durante este proceso en que se les había pedido, a todos, modificaciones de su actitud para potenciar un cierto grado la autonomía del paciente también habían provocado cansancio y claudicación familiar.

Josep nos pidió descansar. Entendía lo que había pedido hacía un año y entendía lo que pedía un año después. "Entiendo que no podáis cambiar a mi hijo ni a mi esposa, pero quiero descansar". La familia, como todo sistema con una dinámica interna, tiene un movimiento homeostático que permite ciertos cambios si después se tiende, de nuevo, al equilibrio. A menudo, son cambios "como si", porque los que de verdad son cambios en las raíces de la dinámica familiar y necesitan un marco de contención profesional e institucional mucho más potente del que se puede ofrecer desde un modelo de trabajo en red en la comunidad.

A pesar de que la red de servicios de salud mental y el trabajo en equipo pueda sostener cambios, emociones, retrocesos y resistencias, a menudo es frágil para soportar cambios de dinámica relacional que se estructuran de forma potente ante una descompensación psicótica.

Hay que permitir que descansen y que hayan tenido una experiencia de respeto y aceptación, de respeto a la enfermedad, a la impotencia, de respeto a la frustración y de aceptación de todas las emociones que el ser humano suele esconder por miedo a sentirse todavía más frágil y vulnerable de lo que es.

El miedo, la vergüenza, la culpa, el fracaso y la desesperanza son emociones que, en general, están presentes en el ser humano, pero cuando uno siente que estas forman parte de su vida de manera constante y permanente, se transforman en una pesadilla agotadora y difícil de soportar.

El ejercicio profesional del trabajo social tiene que ser el de ayudarles a legitimar el descanso que reclaman. Y, a pesar de que profesionalmente, valoramos que se produzcan cambios efímeros en el tiempo pero cambios hacia delante, los afectados no lo ven ni lo viven así. Lo sufren y, por lo tanto, se sienten víctimas atrapadas en una telaraña de emociones de gran dureza de las que necesitan descansar temporalmente, aunque ello les instale de nuevo en su cronicidad, porque esta les resulta conocida, cercana y les ayuda a aligerar el sufrimiento.

Tener la capacidad de aceptar los límites, de legitimar la impotencia, de preservar el equilibrio familiar, de entender la claudicación como respuesta al cansancio que provocan los cambios en la dinámica familiar es tener la experiencia de ser aceptado por el otro, tal y como es, tal y como se puede ser, con sus límites y dificultades, pero también con sus capacidades y posibilidades.

La familia tiene el derecho y la necesidad de decir "basta". Y los profesionales del trabajo social tenemos que saber encajar el sentimiento de impotencia que estos límites nos pueden generar y saber retirarnos para cuando nos vuelvan a necesitar. Porque lo que seguro que han recibido es la respuesta a una demanda de ayuda en un momento de desesperación y esto deja una huella positiva en su registro emocional.

Invisibilidad y violencia social y comunitaria

Nos decía Itziar Gonzalez, arquitecta, activista y ex-concejala de urbanismo del Distrito de Ciutat Vella en el II Congreso de Servicios Sociales Básicos que se celebró en L'Hospitalet de Llobregat en Noviembre/2018, que la vulnerabilidad de las personas transita y rezuma por los servicios que les atienden y que esta, al no estar recogida sino procedimentada en protocolos de atención y burocracia que la enquista, se proyecta con una violencia desgarradora a la vez que invisible hacia el sistema, del que los trabajadores de lo social y lo comunitario somos su máxima expresión.

De todos es sabido que cuando la persona padece un trastorno psicótico que evoluciona hacia un trastorno mental severo se trunca de forma estrepitosa el futuro pensado y soñado por este. Sin embargo, no todos evolucionan hacia la severidad. Hay estudios que dicen que hay personas que tienen un solo brote que se estabiliza con medicación permitiendo que realice un estilo de vida bastante normalizado y otros que las descompensaciones que sufren son leves motivando ingresos hospitalarios cortos y manteniendo muy conservadas sus capacidades cognitivas, relacionales y social.

Tenemos un 33% de personas que evolucionan hacia un deterioro grave que no les permitirá trabajar ni independizarse de sus padres: ni económica ni relacionalmente. Este porcentaje pasa a ser un colectivo que genera una relación de dependencia con sus progenitores hasta sus últimos días de vida. Se vuelve invisible para unos y para otros: políticas y sociedad.

Tanto para las políticas sociales como para las sanitarias ya va bien que la familia se ocupe de ellos durante toda la vida. En el mundo laboral la pensión no contributiva no les permite disfrutar de una autonomía. Y en cuanto a planes de viviendas sociales pasan por delante de este colectivo familias desestructuradas atendidas desde servicios sociales municipales que reclaman pisos de protección oficial debido a los desahucios que están sufriendo.

Sea por estos motivos o por otros de tipo estructural este colectivo pasa desapercibido, invisible, inexistente y obligado a vivir en el domicilio familiar pasando a ser cuidadores de los padres sin haber aprendido a cuidarse ellos mismos.

Es por este motivo que durante la última década hemos empezado a escuchar programas dirigidos a cuidar a los cuidadores, tema que hemos desarrollado en capítulos anteriores. Porque si el estado del bienestar y la sociedad en general reconocieran y se hicieran cargo de las necesidades básicas que tiene una persona de contar con las condiciones necesarias para tener una vida plena y autónoma, no deberíamos hablar de cuidadores de edad avanzada, de claudicaciones familiares, de programas para cuidar al cuidador ni de prevenir procesos de incapacitaciones que pretenden resolver lo que ya no tiene solución.

Así pues, la persona afectada permanece en el núcleo familiar y hablar del futuro con personas de 70 o 75 años es complicado y difícil ya que de una manera u otra se les está situando, tanto a padres como a hijos, en un momento vital difícil de imaginar, de pensar y de aceptar, la vejez, la senectud y la muerte. Es necesario que se enfrenten y hablen de aspectos de futuro que a veces se han planteado pero que nunca han hablado en familia. Son temas delicados que a menudo no los tienen elaborados. Viven el presente y hay que se viven "eternos" como una madre que me decía: "yo seré eterna, no se procupe".

Una señora con trastorno mental severo de larga evolución, de 76 años, madre de un chico de 47 años que padece una esquizofrenia paranoide desde los 15 y que presenta un estado muy deteriorado.

Hablar de prevenir situaciones cercanas que remiten a la muerte, más o menos inmediata de los progenitores, es complicado tanto para los padres como para la persona afectada. Esta puede inquietarse mucho ante el pensamiento de la desaparición de los padres o al contrario parapetarse detrás de defensas bien estructuradas que no le permiten pensar, imaginar ni decidir. Sin embargo, no porque sea un tema complicado, delicado y que resuene en muchos espacios del ámbito emocional lo debemos pasar por alto. Todo lo contrario, hay familias que agradecen muchísimo poder hablar sobre qué pasará cuando ellos falten cuando un profesional les invita a hablar de estos temas.

Se habla de aspectos legales, jurídicos, testamentos, herencias, ultimas voluntades, se exponen las dudas de los diferentes miembros de la familia y uno de los aspectos más importantes que los tranquiliza mucho es invitarles a imaginarse como desearían que viviera su familiar enfermo una vez ellos ya no estén.

Manifestar su deseo de ir articulando los servicios, programas, ayudas económicas, protección del patrimonio, familiares que se harían cargo, dificultades que ven y que prevén, relaciones familiares que se podrían romper o entrar en conflicto, ayuda a ir dibujando un posible futuro aceptable para la persona afectada. Escuchamos varias posibilidades que los padres o cónyuges ven y viven en su propia piel, una piel deteriorada por el tiempo, una piel arrugada por el sufrimiento intrínseco del vivir y que ahora, a unas edades avanzadas, la vida les pide un último esfuerzo: "Piense, pida, imagínese qué mínimos de calidad de vida desea para su familiar enfermo". Atentos, no obstante, a situaciones en las que la patología mental se extiende a más de un miembro de la familia, donde las capacidades de imaginar están colapsadas por los efectos secundarios de las medicaciones, por los efectos del bajo nivel cultural o por los efectos de la poca eficacia y viabilidad de las políticas sociales de nuestro país.

En estos casos el trabajador social tiene la responsabilidad de diseñar un escenario posible para la persona. Y a menudo lo que resulta difícil es lograr que la acepten. Es frecuente oír comentarios como: "el Estado ya se ocupará de él cuando no estemos".

Prevenir es visualizar situaciones que sabemos que pueden suceder y sabemos cómo pueden transitar dentro de unos márgenes en los que tenemos que dar cabida al azar, a la suerte, a la desdicha y a todo aquello que el ser humano no controla. Pero prevenir también es dibujar la realidad que a la familia le gustaría que tuviera su hijo o hija y trabajar en esta dirección con el fin de conseguirlo.

Muchas veces, cuando hablas claramente de todos estos temas, muchos de ellos preocupantes y delicados, caen en cascada una serie de dudas, preguntas, y deseos de saber cómo solucionar muchos aspectos que mantienen en secreto, en silencio, configurando tabúes familiares, pero que realmente les angustia como cualquier otro tema que concierne a la salud y bienestar de su familiar.

A veces, te piden que estés hasta el final, como notario de lo que han decidido. Es entonces, cuando es importante recordarles que gracias al esfuerzo de ir hablando de aspectos que estaban silenciados durante años, que generaban rechazo, tristeza y desacuerdos, han conseguido encontrar soluciones. Lo han podido hablar con la persona afectada ofreciéndole la oportunidad de pensar conjuntamente sobre su futuro haciéndole participe y escuchando su opinión.

En todo este proceso hay algo muy importante: han podido hablar y acordar cómo solucionar toda una serie de temas que después, una vez mueran los padres, tal vez se solucionarán de otra manera, pero han podido hablar en vida, llorarlo en vida, decidirlo en vida y acordarlo en vida.

Paralelamente a este proceso, también tienen la experiencia que hay profesionales con quien poder hablar estos temas y que les ayudan a solucionarlos. Experiencia que hasta entonces no habían tenido y que les hacía sentirse solos y desamparados

Conclusiones

La prevención es una mirada diferente fundamentada y basada en la creencia real de que el ser humano puede cambiar y tiene que luchar por su dignidad humana. La prevención es un modelo de trabajo, una mirada al ser humano, un tipo de práctica asistencial basada en la relación humana como pilar de vínculo y de cambio. El hogar, el espacio de vida de la persona con la que estamos trabajando, es un espacio excepcional para permitir y otorgar este poder de cambio.

Desde el trabajo social especializado en salud mental, tenemos una herramienta muy potente de intervención: la relación de confianza, el vínculo con la persona afectada. Una relación que puede abrir muchos horizontes de mejora de la calidad de vida de esta persona y de su familia. Desde el trabajo social en el hogar, podemos detectar situaciones de futuro riesgo social que tenemos que trabajar antes de que el proceso de deterioro ya no nos lo permita.

Los profesionales del ámbito social y sanitario tenemos que saber aprovechar esta posibilidad de intervención para promover cambios de todo tipo: informar es dotar de poder al ser humano; orientar es dotar de sentido sus orígenes, su esencia como ser humano y actuar es dotar de experiencia positiva a la persona que, afectada por un trastorno mental severo y con años de evolución en la enfermedad, cree no tener la posibilidad de vivirla.

La sociedad, carente de recursos humanos y personales para incluir la diferencia y a los diferentes, es decir, para incluirnos a todos, prefiere sesgar, parcelar, dividir y recluir. Y a partir de aquí, hablar de integrar, insertar, participar y prevenir.

Tenemos que actuar con responsabilidad social y ética personal. El ser humano y su dignidad, su autonomía y su bienestar es el que tiene que marcar el horizonte de nuestras intervenciones sociales. Y la prevención, es decir, intervenir con la sabiduría propia del que sabe ver antes de que pase lo previsible, tiene que ser la mirada holística y general, propia de toda intervención psicosocial de reconocida calidad asistencial.

Salud mental comunitaria: una atención integral

Introducción

Las personas con trastorno mental severo se nos mueren muy pronto. Utilizo intencionadamente la primera persona del verbo pronominal porque me planteo, en este capítulo, hasta qué punto los efectos secundarios de las medicaciones antipsicóticas, el poco cuidado que tienen las personas con un trastorno mental severo, la escasa conciencia de salud que les hemos ayudado a tener, inciden directamente en esta disminución tan brutal de la esperanza de vida de este grupo de población y hasta qué punto la práctica profesional, llena de vacíos y carencias, de desconocimiento en los procesos de atención integrada real de la población en riesgo favorece que este colectivo tenga una atención disgregada hasta el punto de llegar a provocar una desatención importante a la salud física.

El Departamento de Salud ha elaborado el documento de estrategias en salud mental y adicciones para el período 2017-2020 en coherencia con las estrategias internacionales del Plan de acción europeo para la salud mental y de la acción conjunta para la salud mental y el bienestar y consensuado con el sector de la salud mental –profesionales, entidades proveedoras y entidades representativas de las familias y del movimiento en primera persona–.

Nos encontramos ante el reto de dar un gran impulso a la mejora de la atención a la salud mental, otorgando más relevancia a la promoción de la salud y la prevención de la enfermedad, ofreciendo una atención de base comunitaria que priorice la recuperación de la persona orientada a la inclusión social y laboral, el empoderamiento de los movimientos en primera persona y las familias y garantizando que las políticas se basen en la evidencia disponible, las buenas prácticas sociales y comunitarias y la ética y la defensa de los derechos humanos.

Dentro del Plan de Salud Mental y Adicciones 2017-2020, la atención integral de los pacientes graves es uno de los 6 ejes de acción para dar respuesta a las nuevas necesidades sociales. Según el plan hay que garantizar atención integrada a la salud física y mental desarrollando las siguientes líneas de actuación:

• Generalizar en todo el territorio la cartera de servicios de SM y Ad en la Atención Primaria de Salud
• Incorporar de manera efectiva la vigilancia a la salud física de las

personas con trastornos mentales graves.
• Establecer en cada territorio un Plan de desarrollo de alternativas a la hospitalización convencional y de atención domiciliaria.
• Atender los colectivos especialmente vulnerables.
• Integración de la atención a la SM y las adicciones
• Garantizar la atención a las urgencias y hospitalización de agudos en los hospitales generales

El 5% de la población española actual está diagnosticada como paciente crónico complejo. Dentro de este grupo de población, está demostrado que las personas que sufren una enfermedad mental tienen un alto riesgo de sufrir enfermedades cardiovasculares y tasas más elevadas de obesidad, tabaquismo, diabetes, hipertensión y dislipemia. Estos factores de riesgo, asociados a menudo a cambios en el estilo de vida como resultado del impacto social, emocional y económico de su trastorno, contribuyen a la formación del Síndrome Metabólico.

Consciencia de enfermedad o consciencia de salud

Paco dormía sobre unas cajas de cartón, se tapaba con tres mantas. Iba a Cáritas una vez al mes y lo surtían de pasta de sopa, de pan que se le endurecía y de fruta que se le pudría. Tenía un tubo de plástico conectado al grifo de la pica que hace de ducha y se tenía que duchar con agua fría, delante de la taza del váter, que es por donde desaguan las cañerías. No lo hacía.

No tenía baño. Tenía solo un váter y una pica. No tenía calefacción; solo las mantas le daban calor en invierno. Las migas de pan originaban regueros de hormigas que dibujaban caminos por encima de la mesa del comedor. La suciedad de los cristales configuraba una cortina espesa que no permitía ver la luz del sol. Y el olor del piso, al entrar, echaba para atrás, pero la suciedad del suelo hacía que se te pegaran los pies e impedían que te marcharas con facilidad. Como veréis a continuación, hay otros aspectos más humanos que tampoco te permitían marchar con facilidad .

Paco, de 52 años, tenía esquizofrenia de larga evolución, compensada desde hacía muchos años. Se inyectaba la medicación antipsicótica cada tres semanas. Lo derivaron desde el centro de salud mental al servicio de atención domiciliaria para ver si le podíamos ayudar a asear la casa, ya que el propietario le había amenazado con echarle del piso.

No tenía cocina de gas. Tenia un fogón eléctrico en el comedor que no funcionaba ya que una costra negra de grasa y suciedad impedía que se pusiera en marcha. Tras unos meses de trabajo en el domicilio conseguimos que funcionara, pero solo podía calentar medio litro de agua. Paco tenía mucha ropa, amontonada y arrugada que ni siquiera sabía si le iba bien o no, si estaba limpia o sucia. Él vestía igual todo el año: se añadía jerséis encima de lo puesto a medida que llegaba el frío. No se cambiaba de ropa interior y esto originaba un fuerte olor personal que dificultaba las relaciones sociales.

Los trabajadores sociales y otros profesionales que intervienen en el campo de la salud mental trabajamos a partir de la relación de confianza que establecemos tanto con la persona afectada como con los profesionales que la atienden desde otros ámbitos sociales y sanitarios. El vínculo, del latín *vinculu*, vincular, es aquel tipo de relación que se establece entre dos personas y que resulta básica para sobrevivir. Cuando hablamos de confianza básica, nos referimos a aquella premisa psicológica de la relación afectiva entre dos personas en la que la clave está en creer que el otro te puede ayudar.

Dice Ramón Ubieto: "No hay salud y bienestar sin los vínculos sociales colectivos". Así, los vínculos constituyen el entresijo de las relaciones humanas que hacen que estas tomen un papel capital en la mejora de la salud y del bienestar del ser humano.

Paco aceptó nuestra presencia en su hogar. Me gusta hablar de hogar y no de domicilio. Domicilio deriva de *domus*, lugar físico donde vive una persona. Hogar proviene de *focus*, espacio alrededor del fuego donde se reúne la familia para calentarse. Y, por lo tanto, es en el hogar donde se establecen las relaciones humanas, donde los profesionales entramos para intervenir y producir cambios dirigidos a la mejora de la calidad de vida de la persona. Paco no solicitaba esta atención, a pesar de que estaba de acuerdo con nuestra intervención. No tenía claro para qué, ni sabía qué hacer cuando la educadora o yo íbamos a su domicilio. La demanda la realizó el trabajador social del centro de salud mental de adultos.

Después de unos años de muy buena aceptación del programa, de participar en ciertas actividades del club social y de seguir con las visitas de control en el centro de salud mental, Paco ha pasado un verano muy malo. Es un hombre delgado y se había adelgazado siete kilos en cuatro meses. Pero él no hace ningún tipo de demanda. Esta preocupado por unos problemas que tiene, pero que no nos los explica. Pero no come. Si tenemos un invierno duro, una gripe lo puede enviar a los servicios de urgencias de cualquier hospital.

Reunidos los profesionales del CSMA, del club social y del programa de acompañamiento en su hogar, le propusimos que fuera a comer a un comedor social de su municipio. Paco aceptó. Le propusimos que fuera a la residencia de personas con trastorno mental de su barrio a ducharse con agua caliente, ya que así podría ir conociendo el espacio residencial y a las personas que podrían ser, en un futuro cercano, sus compañeros. La residencia podría ser su nuevo escenario de vida y era necesario que Paco valorara los aspectos positivos que podría tener ir a vivir a una residencia.

El Programa de Seguimiento Individualizado (PSI), que depende del CSMA y que tiene el objetivo de revisar la medicación, sugirió que fuera a hacerse un análisis de sangre, ya que había perdido mucho peso. Además, tenía una pauta de varias medicaciones para la hipertensión, el colesterol, etc., que no seguía con regularidad. Fumaba un paquete y medio diario y, de vez en cuando, sin permiso del médico, tomaba un medicamento para tener relaciones sexuales. Paco aceptaba cualquier sugerencia que le hacíamos para mejorar su salud pero nunca hacía ningún tipo de demanda.

En estos casos, los profesionales nos convertimos en un "yo auxiliar" que valora y formula las necesidades que la persona tiene y que no manifiesta. Con este elevado nivel de empatía con el que conseguimos acercarnos a la persona, es fácil que esta pueda manifestar sus ilusiones y sus deseos de vivir en mejores condiciones de vida.

Históricamente, los profesionales de la salud mental nos hemos esforzado para que la persona tenga conciencia de su enfermedad, acepte que tiene un trastorno psicótico y que es importante e imprescindible la adherencia al tratamiento. Incluso los programas que nacieron hace 18 años, los PSI, tenían este objetivo: trabajar la vinculación en la red de personas que se habían desvinculado y que no estaban siguiendo ningún tipo de tratamiento farmacológico.

La medicación psiquiátrica y la mejora de la sintomatología propia de la psicosis eran los objetivos básicos de todo tratamiento. Quizá, históricamente, todos nos hemos ido olvidando de trabajar aspectos de salud. Es cierto que la potencia de los efectos positivos de la enfermedad mental ensombrece cualquier referencia a preservar y mejorar la salud física. Hemos centrado nuestra intervención profesional en la consciencia de la enfermedad mental olvidando otros aspectos de salud.

Estoy totalmente de acuerdo con este proceso de capacitación de la persona hacia su enfermedad. Es básico estar informado, saber preveer qué puede pasar si se abandona la medicación psiquiátrica, si se consume alcohol u otros tóxicos o si se tiene un alto nivel de estrés. Pero también hay que preservar y recuperar su proyecto de vida, sus capacidades, habilidades y destrezas así como sus ilusiones, motivaciones y acompañarle en las dificultades que puedan surgir.

A Paco le dolían las muelas: de las pocas piezas que le quedaban, tenía dos infectadas. No quería ir al dentista, le daba miedo, y hacía años que no iba. No teníamos analíticas recientes; no se negaba a hacérselas, era solo que iba a tardar dos o tres meses en ir al médico de familia, pedirlas y hacérselas. Tendríamos que perseguirle e insistirle porque, a pesar de que él entendía que era importante saber su estado de salud, le costaba dirigirse al centro de salud. Allí no conocía a nadie. No tenía ningún vínculo establecido.

Él no expresaba ninguna necesidad, a pesar de que cuando se le proponían pautas de actuación para mejorar su situación, las seguía con bastante acierto. Necesitaba ese "yo auxiliar" que, a menudo, representamos los profesionales de atención directa, que tenemos que recordar, retomar, renovar, resituar y reclamar aquello que el paciente no hace.

Y hablo intencionadamente del paciente porque es en el ámbito sanitario donde más se debate sobre esta tendencia a psiquiatrizar otras patologías. "Enfermedad" y "locura", antiguas y nuevas miradas; viejas miradas con consciencia de enfermedad, nuevas miradas con consciencia hacia la salud.

Paco cayó en una estafa. Un hombre habilidoso y listo, con antecedentes penales, le prometió ganar dinero en un negocio fácil. Él tuvo la iniciativa de ir a poner la denuncia a la policía. Pero después hubo toda una serie de citas, gestiones y vistas judiciales con abogados, médicos forenses y jueces, en las que Paco necesitó que los diferentes profesionales que estábamos trabajando a su alrededor, nos repartiéramos la tarea de acompañarlo, hacerle comprender lo que estaba sucediendo, recordarle a dónde se tenía que presentar e indicarle los documentos e informes que tenía que aportar en cada cita.

Vemos, pues, que es básico y capital trabajar con personas que presentan un trastorno mental severo desde el modelo interdisciplinario, hilvanando aspectos tan diversos como importantes, como pueden ser la salud física, la salud mental, la alimentación, la higiene, las relaciones sociales o la gestión económica de sus bienes patrimoniales.

Interdisciplinariedad y trabajo en equipo, dos modelos de trabajo en construcción permanente. Dos modelos de trabajo que los profesionales hacen suyos e implementan con mayor o menor dificultad. Desgraciadamente, no son modelos institucionales que las organizaciones defiendan. Son modelos de trabajo que recaen única y exclusivamente en la decisión personal de cada profesional.

El valor del trabajo interdisciplinario es el resultado de un juego de miradas. Diferentes disciplinas tienen la mirada puesta en la mejora de la persona y esta, reflejada en los intereses profesionales de cada una de estas disciplinas, ve mejorada su vinculación a la red de servicios sociales, de atención primaria y de salud mental.

El trabajo interdisciplinario se crea, se construye y se define en cada momento histórico y en cada uno de los equipos de salud mental en el que trabajamos. No viene dado por nada ni por nadie, ni tampoco por un plan de salud mental, ni por un plan integral. Parte de una mirada holística e integradora del profesional hacia el ser humano, que trabajará hilvanando y enlazando a los diferentes profesionales de los servicios por los que tenga que transitar la persona, a lo largo de su vida.

En la interdisciplinariedad es básico mantener la horizontalidad, la complementariedad y la honestidad del saber.

Cada profesional es especialista de una parte del todo y todas las partes son importantes. Si los profesionales conseguimos trabajar articulando unas relaciones de respeto y de ayuda mutua, tejeremos una red de relaciones humanas y profesionales que se transmitirán al paciente. Y este, a pesar de su gravedad o patología mental, percibirá cohesión, entente, ayuda, colaboración y confianza. Toda una serie de acciones invisibles, pero presentes, prudentes y existentes para que el trabajo con las personas que sufren una de las enfermedades mentales más invalidantes ayude a mejorar su calidad de vida.

Las estafas que sufrió Paco nos obligaron a entrar en contacto con el mundo judicial. Un mundo alejado y complejo para todos, con un vocabulario especializado, una organización específica y unos profesionales desconocidos para la mayoría de la población. Con ellos tuvimos que trabajar también desde el modelo interdisciplinario. Los informes del CSMA llegaron al médico forense, las recomendaciones del abogado fueron entendidas y traducidas para que Paco las hiciera suyas, las respetara y solucionara este grave problema que le estaba costando dinero y salud.

La persona que sufre un trastorno psicótico puede ser una persona incómoda de atender; su demanda, como hemos explicado, puede ser muy frágil, desajustada para el servicio al que se dirige, irregular en el tiempo; puede tener una presencia invasiva o desaparecer del calendario de visitas durante años; su discurso desestructurado, según la estabilidad clínica que presente, nos puede confundir en cuanto a la necesidad de trabajar aspectos como la voluntariedad y el compromiso de llegar a una serie de pactos a cumplir. Sus condiciones higiénicas no ayudan muchas veces a establecer una buena relación con ellos, y el tiempo de reacción es lento, muy lento. Pueden presentar problemáticas de todo tipo: mental, física, económica, dificultad para llevar unos hábitos de vida sanos, dificultad de hacerse cargo de sí mismos, inexistencia de familia que les ayude a llevar una vida más sana...

Estos son algunos de los aspectos que hacen difícil una atención integral de la persona con un trastorno psicótico. Pero todas las dificultades no radican en la persona atendida. Aún, actualmente, hay síntomas de estigma social también en el sector asistencial, en la organización sanitaria y entre algunos profesionales de la salud.

La red de atención primaria de salud sufre una presión asistencial que desborda consultas y estas personas necesitan una escucha diferente, una escucha con tiempo. Y una escucha especializada para atenderlos en toda su complejidad, pero también con toda su riqueza. No podemos seguir escuchando que algunos profesionales de atención primaria de salud se expresen diciendo: "¿has atendido el esquizo que ha venido?".

Lo pueden decir con mucha proximidad y aprecio hacia la persona, pero su mirada focaliza solo "la esquizofrenia" y no atiende ampliamente a la persona que la sufre. Si entendemos al ser humano de forma integral, comprobaremos que también desde la atención primaria de salud, la persona es mucho más interesante, sugerente y rica en capacidades y posibilidades de cambio, de mejora y de ayuda.

Estos profesionales, acostumbrados a identificar la parte enferma del cuerpo con la persona objeto de atención, también lo hacen con este tipo de pacientes para los que justamente la escisión de su mundo interno es su patología más importante y, por lo tanto, la fuente de sus principales conflictos personales y relacionales. Y este ejemplo que os he puesto en el que el profesional identifica la patología con la identidad de la persona no es un hecho insignificante.

La palabra conceptualiza el pensamiento y los conceptos van creando modelos de atención y de intervención con las personas y las organizaciones sanitarias, y estas los transmiten en su forma de organizarse y de organizar la asistencia. Finalmente, estas organizaciones pueden tener un cariz más humano o se pueden convertir en organizaciones ágiles y operativas en la aplicación de los protocolos de actuación, olvidándose un poco de las necesidades de personas que tienen características especiales y que requieren de una atención diferente a las demás.

Y en lo que respecta al colectivo que nos ocupa en este capítulo, ya hemos ido viendo que se trata de una población multidemandante o silenciosa, pero necesitada de un tipo de atención que los entienda globalmente para poderlos atender de forma individual.

Mi experiencia también me dice que si le ofrecemos a la persona con un trastorno mental severo un trato personalizado, individualizado y que lo identifique como ser humano, esta responde positivamente aprovechando ese trato, ese vínculo y esa relación humana que le brindamos.

Quizá para conseguir este trato personalizado tenemos que mirar a la persona como sujeto que necesita un "vestido a medida", darle un trato humano que lo dignifique y le otorgue un lugar en la comunidad donde vive. Quizá es una población que nos cuestiona que con prisas y presiones no se la puede atender, quizá es un perfil de paciente que hace tambalear la organización de agendas, horarios de los profesionales, tiempos de espera; tiempo para hablar, tiempo para escuchar, tiempo para entender qué les sucede…

"¿Cómo se siente?", "¿cómo le podemos ayudar?", "¿en qué le podemos ayudar?" o "¿cómo quiere que le ayudemos?" son preguntas que todos los profesionales querríamos hacer cuando nos encontramos ante una persona con trastorno psicótico, deteriorado, que vive solo, aislado y sin apoyo familiar, y con un grado importante de enfermedades físicas y mentales difíciles de atender y mejorar.

Ciertamente, para este tipo de relación única y genuina que dignifica la relación terapéutica del profesional hay que dialogar, hacer equipo, compartir y consensuar. Y todos estos aspectos necesarios para una buena praxis profesional están reñidos con las consultas sobresaturadas, con el escaso tiempo establecido por paciente, con equipos de profesionales a los que les faltan espacios de coordinación, que anulan reuniones por la sobresaturación de las consultas y en los que, finalmente, el profesional se va a casa preocupado porque no puede atender como querría a su población de referencia.

Como consecuencia de todo esto, no conseguimos que el sector más frágil de esta población, como puede ser la persona con un trastorno mental severo, sea atendido desde una visión integral, ofreciéndole una atención integradora en su comunidad.

Salud física de las personas que sufren un trastorno mental

El trastorno mental severo engloba un conjunto de entidades nosológicas de naturaleza y presentación clínica muy diversas que tienen en común el hecho de que presentan criterios de gravedad y persistencia en el tiempo, con tendencia al deterioro y a la alteración de las relaciones personales, familiares y sociales de la persona que las sufre.

Las personas con trastorno mental severo son particularmente vulnerables a multitud de problemas médicos. Entre el 50% y el 90% de ellos tienen al menos un problema crónico de salud, y la proporción de la enfermedad duplica a la población general, con el impacto consecuente en su calidad de vida (Herz, 2003).

La tasa de mortalidad en estas personas es dos o tres veces superior a la de la población general, y buena parte de las muertes es atribuible a la enfermedad física. Una serie de factores de riesgo explicarían este exceso, entre los que cabe señalar unos estilos de vida poco saludables, dificultades de atención médica de las enfermedades físicas, situaciones de pobreza y aislamiento social y las inevitables consecuencias metabólicas secundarias de la medicación antipsicótica (Medeiros,2013).

La expectativa de vida de las personas con trastorno mental severo se reduce de manera drástica en comparación con la población general. La esperanza de vida se puede reducir una media de 10-15 años, e incluso en pacientes con esquizofrenia puede llegar a ser de unos 25 años menos (Herz, 2003).
Casi dos terceras partes de esta diferencia se debe a la muerte prematura por una enfermedad física. Esta población tiene una proporción más alta de sufrir enfermedades, entre las que destaca

la obesidad, el síndrome metabólico, la diabetes mellitus, las enfermedades cardiovasculares y las respiratorias, que se doblan con respecto a la población general (Herz, 2003).

Su funcionamiento físico y su deterioro son equiparables al observado en la vejez más deteriorada. En la esquizofrenia, algunos autores defienden la hipótesis del envejecimiento acelerado; es decir, postulan que los cambios fisiológicos del cuerpo que se asocian al envejecimiento normal pueden aparecer a una edad más temprana en estos pacientes que en la población general. Esto explicaría en parte el aumento de mortalidad de este grupo de población.

La comorbilidad con la patología mental también se muestra incrementada. Así, más de un 60% sufre problemas de adicción, entre ellos, el más importante es el abuso del alcohol.
Estas adicciones dificultan la estabilidad familiar, laboral y la adherencia al tratamiento. Además, las personas con trastorno mental reciben, con menos probabilidad, información sobre medidas preventivas en relación a patologías físicas, como los diferentes tipos de cáncer, o consejos y tratamientos para dejar la adicción al tabaco, etcétera (Medeiros, 2013).

En cuanto a los efectos secundarios de los fármacos, vemos que es un tema controvertido en cualquier entrevista psicosocial que se haga con la persona y/o con su familia. Sabemos que especialmente los antipsicóticos suelen provocar un deterioro importante a nivel personal y social. Estos efectos secundarios son en gran parte algunos de los motivos que generan el abandono del tratamiento. La persona ve mejora en el proceso de recuperación, pero los efectos secundarios los siente demasiado pesados como para tolerarlos y mantener el tratamiento.

Los antipsicóticos atípicos, aunque han mejorado mucho, causan una serie de efectos secundarios metabólicos como la obesidad, la dislipemia y la hiperglucemia, entre otros. Por lo tanto, nos encontramos con una población con un alto índice de obesidad y de sedentarismo.

La disfunción sexual es otro de los efectos secundarios poco deseables por los que muchas personas, y especialmente la gente joven, deciden abandonar los tratamientos. A menudo, sin comunicar las dificultades y su deseo de mantener una vida sexual satisfactoria a su referente psiquiátrico. Por ello, sería necesario detectar y minimizar estos efectos secundarios e informar individualmente de la posibilidad de reducir y ajustar la pauta de medicación.

Dificultades para una atención integral e integrada

Todo el mundo, desde los profesionales de servicios sociales o de la red de salud mental a los de atención primaria, concluye que todavía es un reto pendiente conseguir una atención integral de la persona con trastorno mental severo. Así se manifestó en las ponencias expuestas durante las III Jornadas de Salud Mental: Enfermedad y locura: abordaje integral del síndrome metabólico del paciente psiquiátrico, celebradas en Badalona en diciembre del 2014, donde escuchamos algunos de los factores que pueden explicar esta falta de continuidad asistencial entre la atención psiquiátrica y la atención médica general.

A continuación, paso a describir algunos de los factores que pueden explicar la dificultad en conseguir un proceso de continuidad asistencial y la tendencia a priorizar la atención psiquiátrica de la persona por delante de la atención a su salud física.

Las personas con trastorno mental, y si este ha evolucionado hacia la cronicidad y el deterioro, pueden ser personas con dificultad para comunicarse, en general, pero especialmente con dificultad a detectar síntomas físicos y, sobre todo, cuando estos pueden llegar a ser peligrosos. Por otra parte, también pueden tener dificultad al expresar estos síntomas al médico. La persona puede presentar déficits cognitivos de memoria y concentración, entre otros. Estas carencias pueden dificultar una buena comunicación entre el psiquiatra, el médico de familia y la persona afectada.

Algunas personas pueden tener disminuida la sensibilidad al dolor, asociada a la medicación psiquiátrica y pueden responder pasivamente al malestar o no actuar ante los síntomas de alarma como lo haría una persona sin un diagnóstico psiquiátrico, como por ejemplo, una angina de pecho o un infarto de miocardio.

Si no tienen un apoyo familiar y social cercano, de relación frecuente y con una mirada adecuada hacia otros aspectos de la salud, se hace muy difícil, por no decir imposible, que se produzcan cambios hacia la conciencia y la adquisición de hábitos más saludables (Medeiros, 2013).

El bajo nivel cultural, las redes sociales reducidas, la pérdida del trabajo o la inexistencia de experiencia laboral, un apoyo familiar empobrecido o inexistente, pocos recursos económicos y viviendas con condiciones físicas y de salubridad dignas de ser denunciadas son algunos de los aspectos sociales que hacen difícil conseguir que la persona reciba una atención integral.

Algunas características propias del trastorno mental como la apatía, la abulia, la desidia y la falta de motivación para cuidar de uno mismo favorecen que estas personas realicen menos visitas médicas a la red de atención primaria de salud. Frecuentan los servicios de urgencias porque resuelven sus problemas de salud cuando estos ya son urgentes, pero no están acostumbrados a hacer seguimientos anuales de su estado físico en general.

Aunque también es cierto que la cronicidad de la enfermedad mental inmoviliza el sistema sanitario y social y, de alguna manera, hace que este permanezca enquistado en su imposibilidad de poner en marcha programas o intervenciones que cuestionen el inmovilismo de unos y otros e irrumpan con fuerza hacia estrategias de promoción y concienciación de la salud de este sector de población frágil y vulnerable.

Desde la reforma psiquiátrica de los años 80, profesionales sociales y sanitarios hemos invertido visitas, consultas, entrevistas, reuniones y coordinaciones para conseguir responsabilizar al paciente y a su familia de la necesidad de ser conscientes de la enfermedad. Entender qué quiere decir un trastorno psicótico o una esquizofrenia, entender y respetar la importancia de los tratamientos farmacológicos, respetar la derivación al centro de día o admitir las actividades propuestas desde el servicio de rehabilitación comunitaria, gestionar el ingreso al hospital de día o entender que si dejan la medicación psiquiátrica, pueden recaer de nuevo con un posible empeoramiento de su estado de salud general. Toda una serie de recomendaciones que apuntan hacia la estabilización de la sintomatología de la enfermedad mental. Pero seguro que todos nosotros olvidamos dar pautas y consejos sobre la conciencia de salud y la promoción de ésta.

Ciertamente, ante enfermedades tan graves y deteriorantes como la esquizofrenia, todo el sistema público social y sanitario queda inmovilizado por la necesidad urgente de minimizar la sintomatología de la enfermedad y los efectos secundarios del propio tratamiento farmacológico.

La pérdida de habilidades sociales y la dificultad para expresar otras necesidades físicas hacen que las personas con un trastorno psicótico permanezcan en la invisibilidad de estas necesidades. Sea la familia que resuelve las necesidades más básicas o en la soledad más fría y recóndita en la que aún se esconde la persona con enfermedad mental, sus necesidades físicas o emocionales pasan desapercibidas ante un sistema público interesado en mantenerlas sepultadas. Así no hay que dar ningún tipo de respuesta.

El autoestigma de la persona con trastorno psicótico hace que este identifique la enfermedad con su esencia como ser humano y, por lo tanto, se excluya voluntariamente del derecho de percibir una vida con mejores calidades físicas, económicas, laborales, de pareja, etcétera. De nuevo, también esta estigmatización que hace la persona de su propia realidad es alimentada por un estado del bienestar que no ofrece las mínimas condiciones económicas y sociales que les asegure una vida digna. Situación que aprovecha la administración pública, que prefiere apostar por planes de salud que protegen otras enfermedades o trastornos con más prevalencia entre la población, como pueden ser las enfermedades cardiovasculares, neurológicas y degenerativas, entre otras.

Médico de familia y psiquiatra son los especialistas sanitarios que tendrían que liderar el tratamiento y el seguimiento integral de la persona con trastorno mental severo. Y junto a ellos, enfermería, trabajo social y otras profesiones de apoyo social. Pero, desgraciadamente, existe una tendencia a centrar la atención en la enfermedad mental más que en la salud física.

La comunicación en la red de salud mental y atención primaria de salud es bastante deficiente y con muchas dificultades de coordinación entre los profesionales; dificultades a menudo motivadas por cuestiones tan básicas como el desconocimiento mutuo. Y una desconfianzageneralizada a que el médico de familia tenga suficientes conocimientos sobre patologías mentales y su tratamiento, y a que el psiquiatra tenga en cuenta el seguimiento de las patologías físicas que pueda presentar el paciente.

Mi experiencia me remite claramente a que cuando se hacen reuniones periódicas entre los profesionales de los equipamientos de la red de salud mental, de atención primaria de salud y servicios sociales, las dificultades de coordinación desaparecen.

Los profesionales se han conocido, se han acercado, han compartido sus conocimientos y han reconocido la necesidad de trabajar de forma coordinada, en equipo y en red. Las mesas de salud mental también son un buen ejercicio práctico que invita a sentar a representantes de todos los equipamientos sanitarios, sociales y comunitarios de un municipio y establecer líneas de intervención conjunta para mejorar circuitos de derivación y optimizar la atención de este colectivo.

La fragmentación o la separación de los sistemas de salud mental y salud física, las características intrínsecas de la red de salud mental, así como la insuficiencia de recursos de esta red hacen que haya una falta de claridad y de consenso sobre quién se tiene que responsabilizar de la detección y el seguimiento de los problemas físicos de estos enfermos.

Así, pues, el sistema no ayuda y el modelo de atención tampoco. Por lo tanto, recae en el paciente la responsabilidad y el ejercicio de ir integrando los diferentes tratamientos que pueden indicarse ante diferentes patologías.

Desde el trabajo social y desde otras disciplinas que trabajamos en el ámbito de la salud mental, nos preguntamos si es posible mejorar la salud física de este grupo de población y qué estrategias podemos implementar para conseguirlo. Hay estudios que indican que es necesaria una acción coordinada entre atención primaria de salud y salud mental que impulse soluciones creativas para mejorar la salud de este grupo de pacientes.

En este sentido, las recomendaciones son diferentes: la asociación americana de psiquiatría recomienda que el seguimiento de los aspectos físicos, sobre todo los relacionados con el síndrome metabólico, estén a cargo del médico psiquiatra, que es quien prescribe la medicación psiquiátrica. En cambio, desde la organización canadiense, recomiendan que los psiquiatras pidan las analíticas de control sobre todo de los factores metabólicos y si encuentran resultados alterados, deriven los casos a los médicos de familia para que hagan el seguimiento.

Nuevas miradas, un futuro prometedor

Ya hace años que profesionales, familiares y afectados hemos reconocido los beneficios de la reforma psiquiátrica que se inició durante los años 80 en Cataluña. Reforma psiquiátrica que impulsó un modelo de atención a la comunidad y una serie de programas especializados para atender a las personas con trastorno mental, que tienen mucho más riesgo de desvincularse de todo y de todo el mundo y mantenerse excluidos del circuito asistencial. Hacen falta nuevas miradas, nuevos modelos, dirigidos todos ellos a mantener a la persona en su medio más cercano, en su entorno comunitario.

Hacen falta nuevas miradas, nuevos modelos, todos dirigidos a la prevención de las psicosis, a fortalecer y apoderarse a las familias jóvenes, los docentes de las escuelas de primaria y secundaria, a empresarios del sector privado. Nuevas miradas a mantener la persona en su medio más cercano, en su entorno comunitario.

Hay que salir a la calle, conocer el entorno comunitario, asociativo y vecinal de aquella persona. Cómo vive, con quién, con quién se relaciona y con quién no mantiene relación, desde cuándo y por qué. Y entonces, sentados junto a esa persona, tenemos que saber proponerle nuevas miradas de futuro que apunten hacia nuevas líneas de intervención social y sanitaria.

También en el trabajo con las familias son necesarias nuevas miradas. Organizadas en grupos de ayuda mutua que a menudo se transforman en espacios cronificados y cronificadores de la queja y la impotencia, tenemos que trabajar con las familias también en sus domicilios que es su espacio de referencia vital.

Padres y hermanos son espectadores y víctimas del debut en la psicosis de uno de los miembros de la familia. Aparecen culpas que se callan, responsabilidades que no se analizan, silencios llenos de rabia y miedo, falsas creencias sobre los orígenes de la enfermedad y el comportamiento de la genética, etcétera. Una serie de sentimientos y emociones que, si pueden expresar, enfadarse, contrariarse y llorar, podemos conseguir darles un significado y un lugar más adecuado en el espacio emocional. Si se silencian y se niegan pueden encontrar su camino de expresión a través de las

¡Esperar es una quimera!

Esperar. ¿Esperar a que hagan una demanda adecuada del servicio en el que trabajamos? ¿Esperar a que se detecten síntomas de malestar más preocupantes que los propios de la psicosis o de los efectos secundarios de los tratamientos farmacológicos? ¿Esperar a que valoren que merecen vivir con mejores condiciones de vida? Esperar es una quimera.

Esperar sentados en el despacho de servicios sociales, de atención primaria de salud o desde la red de salud mental a que el paciente se dirija a nosotros y nos haga una demanda real y clara, entendedora y comprometida es situarnos en una posición equivocada. Para trabajar con este colectivo hay que desplegar una actitud proactiva, de sugerencia y formulación de las demandas que tendrían que hacer y no hacen; de información de las necesidades que tendrían que tener cubiertas y sin embargo no tienen; de los mínimos de calidad de vida que tendrían que exigir, pero no reclaman a nadie.

enfermedades psicosomáticas, que siempre nos resultará más complicado de atender y de saber su significado real.

Nuevas miradas hacia la promoción de la salud que incluyan la salud mental, la física y la emocional. Nuevas miradas que promuevan que las familias se sientan identificadas en los aspectos de cambio, en las capacidades propias, las posibilidades de mejora y en un futuro que siempre tendría que ser esperanzador.

También desde el trabajo social y otras profesiones sociales tenemos un gran reto como disciplina holística, conocedor de la globalidad y la integridad del ser humano. Tenemos gran capacidad para liderar procesos de trabajo en red que aseguren que esta población sea atendida desde un modelo de verdadera continuidad asistencial.

Nuevas miradas hacia la salud, hacia la conciencia de que es posible vivir habiendo sufrido una esquizofrenia u otro trastorno psicótico con una buena calidad de vida física, psíquica y emocional.

Conclusiones

Territorialidad, transversalidad, pluridisciplinariedad, trabajo en red o trabajo de equipo son conceptos que remiten a modelos de trabajo que se han ido implementando en diferentes momentos históricos durante estos últimos 30 años. Según el Departament de Salut de la Generalitat de Cataluña, la morbilidad de los trastornos mentales, y especialmente de los trastornos mentales severos, es uno de los principales problemas de salud pública y un reto importante, todavía pendiente, que arrastra el sistema sanitario.

En este contexto, los pacientes con esquizofrenia u otros trastornos psicóticos presentan unas necesidades de atención sanitaria específicas, puesto que a la enfermedad mental, cuando es crónica, se añaden una serie de patologías que duplican la tasa de mortalidad con respecto a la de la población general.

Este elevado riesgo de mortalidad es debido al síndrome metabólico, es decir, al tabaquismo, a la hipertensión arterial, a la dislipemia, a la diabetes, a la obesidad, al sedentarismo, etcétera. Factores de riesgo que se deberían abordar desde el diseño de estrategias de salud lideradas, según el Departament de Salut, por los equipos de salud mental. Hay que diseñar protocolos compartidos de intervención con las personas con trastorno mental severo y sus familias, atendidos todos ellos, tanto desde la atención primaria de salud como desde los equipos de salud mental.

Si el Departament de Salut recomienda que este control del paciente con riesgo de síndrome metabólico hay que liderarlo desde los equipamientos de salud mental, es necesario que desde la gestión y planificación del servicio se puedan diseñar programas psicoeducativos, de formación en la salud general, de información de campañas sanitarias etcétera, dirigidas a familiares y pacientes.

Es necesario que todos los equipamientos de la red de salud mental pongan el centro de interés de sus intervenciones en la promoción de la salud y la conciencia de salud y bienestar. Si se disfruta de salud y calidad de vida, se evita intrínsecamente su deterioro. Lejos queda la institucionalización psiquiátrica, lejos queda la conciencia de enfermedad, pero todavía les queda más lejos el hecho de sufrir una esquizofrenia y no sufrir el deterioro físico que comportan los efectos secundarios de las medicaciones y el deterioro propio del desarrollo intrínseco de la enfermedad.

Hay que mirar y ver a la persona con sus necesidades, limitaciones y capacidades; hay que enfocar hacia la familia, agente de cambio social todavía vigente hoy en día, y hay que apostar por implementar programas que velen por la salud y el bienestar físico de la persona.

Tenemos que ser capaces de proponer intervenciones conjuntas de impacto comunitario: talleres nutricionales, talleres de senderismo y de deporte regular, sesiones informativas para entender qué es la diabetes, el colesterol, así como información básica sobre su control, seguimiento, etcétera. Todo una serie de aspectos de salud básica y general dirigidos a poblaciones más vulnerables y con poco acceso a espacios de información y de formación sanitaria.

Y nos vamos...

Alas de papel se ha terminado. Pero no podemos hacer como si no hubiéramos visto nada. Hemos leído relatos vivos de vidas humanas verdaderas y reales. Hemos atendido a personas que tienen capacidades, ilusiones, y que piden vivir mejor.

Este libro pretende ofrecer una mirada de esperanza y posibilidades para la mejora de las condiciones de vida de las personas y de las familias que sufren un trastorno mental. Conviene ser prudentes y escuchar con tacto y esmero de qué nos hablan, de qué se quejan, por qué lloran y qué quieren.

Y es necesario que los profesionales, artesanos de la relación humana, diseñemos vestidos a medida para cada persona; que nos acerquemos hasta donde sea, allá donde estén, nos sentemos juntos y hablemos de sus necesidades y de sus posibilidades de cambio y mejora. ¡Las hay! Y muchas. A menudo no se les pregunta, pero tienen opinión. Y la manifiestan cuando se les pide. A pesar de la gravedad de la patología mental, el ser humano vibra detrás de un diagnóstico difícil de aceptar. Es difícil convivir con el sufrimiento y las limitaciones que puede generar un trastorno mental, pero todavía lo es más si profesionales y organizaciones los vemos, pero no los miramos.

Mirémoslos, admirémoslos, reconozcamos sus derechos y obligaciones, sus posibilidades y capacidades; sus carencias, limitaciones, miedos e inquietudes. Acompañémoslos en la aceptación de sus dificultades, pero, primero, tengamos en cuenta las nuestras.

Seamos osados y propongamos intervenciones con la persona, pero, primero, dejémosle a ella su protagonismo.
Dejémosle ser protagonista de su vida.

Agradecimientos

Confianza y legitimidad han sido las características que me han transmitido las personas que han creído en mí. Y a ellos agradezco profundamente su apoyo y su mirada permanente y continuada que me ha dado seguridad.

La mirada sorprendida de Ignasi Llorens sobre lo que leía me ha hecho entender que todavía hay mucho por comunicar y por decir sobre las personas que sufren una enfermedad mental. Los comentarios indignados sobre las situaciones injustas que descubría en la lectura de mis artículos, me han hecho ver que la salud mental todavía tiene una cara oculta y desconocida que hay que evidenciar. Su forma de estar ahí, tranquila y prudente, ha sido el abrazo cálido que decía: " ¡Propón cambios!". Mil gracias, Ignasi.

Todos tenemos referentes profesionales y referentes personales; personas en las que nos miramos y con las que nos identificamos porque vienen a llenar aquellos vacíos que faltos de sentido o significado, aquella persona los llena. Tierno, paciente, tranquilo y atento, me ha ayudado a aprender de mi profesión, de mis ambivalencias, de mis incongruencias, del enquistamiento de las organizaciones sanitarias en las que he trabajado y de la fragilidad y vulnerabilidad de las entidades del tercer sector. Siempre, siempre consigue sacar el mejor de mí misma. Y con mucha expectación le pedí si le hacía ilusión escribir el prólogo del libro. Y me dijo que lo haría encantado. José Leal, muchas gracias.

Pol y Martí, gracias sinceras de una madre radiante de serlo. Quiero agradecer a mis hijos que me permitan disfrutar del placer y la satisfacción inmensa de ser madre. Cuando eres madre vives y te vives en un registro diferente. Nada es como antes. El eco de los latidos del hijo en tu vientre te cambia para siempre. Es difícil explicarlo, hace falta sentirlo, vivirlo y disfrutarlo. Gracias, Pol. Muchas gracias, Martí. Sabéis que os adoro.

Y para finalizar, solo me queda agradecer a las personas con problemas de salud mental y a sus familias, a las que he atendido y ayudado durante todos estos años y de las que he aprendido mucho más de lo que yo les he podido dar. Gracias por la confianza depositada en mí, por abrir vuestro corazón y explicarme vuestra intimidad, vuestro sufrimiento y dolor. Y gracias por admitir mis humildes palabras como sabios consejos. Muchas gracias.

Bibliografía:

Àbalos, I. (2001). *La buena vida: visita guiada a las casas de la modernidad.* Gustavo Gili: Barcelona.

Agthe, C. (2013). "La asistencia sexual, una atención delicada". En *Sobre ruedas*, nª 84, p. 24-27. Fundació Institut Guttmann: Barcelona.

Àlamo, M. (2011). "La idea de cuidado de Leonardo Boff". En http://www.revistatales.wordpress.com/

Ander-Egg, E. 1992. *Metodología del Trabajo Social.* Argentina: El Ateneo.

Ariès, Ph. i Duby, G. (2001). *Historia de la vida privada.* Taurus: Madrid.

Augé, M. (1992). L*os "no lugares". Espacios del anonimato: Una antropología de la sobremodernidad.* Gedisa: Barcelona.

Barg, L. (2006). *Lo interdisciplinario en salud mental. Niños, adolescentes, la comunidad y sus familias.* Espacio Editorial: Buenos Aires.

Beavoir, S. (1968). *El segundo sexo.* Edicions 62: Barcelona.

Borda, R. i col. (2004). *El greuge comparatiu econòmic de les persones amb discapacitat de la ciutat de Barcelona.* Institut Municipal de Persones amb Discapacitat: Barcelona

Cabrera, J. Fuertes, J. Rodríguez, A: *La esquizofrènia de la incertidumbre a la esperanza. La esquizofrènia en la família.* FEAFES

Camesasca, E. (1971). *Historia ilustrada de la casa.* Noguer: Barcelona.

Capellá, A. *La reforma en Salud Mental en Cataluña: el modelo catalán.* Rev. Asoc. Esp. Neuropsiq., 2001, vol XXI, n.o 79, pp. 101-128

Casals Arnau, A. (2015). *La intervención del trabajador social en salud mental.* Trabajo Social y Salud, nº 82, tercer cuatrimestre 2015, págs. 33-40.

Conangla, M i Soler, J. (2011). *Ecología emocional para el nuevo milenio.* Raval Edicions: Barcelona.

Correa, M y col. (2006). *La evidencia social del sufrimiento. Salud mental, políticas globales y narrativas locales*, en Quaderns de l'Institut Català d'Antropologia.

Darder, M. (2014). *Nacidas para el placer.* Rigden Institut Gestalt: Barcelona.

Davis, A. (2013). *El cuidar y la ética del cuidar en el S.XXI: que sabemos y qué debemos cuestionar.* Col·legi Oficial d'Infermeria: Barcelona.

Del Pozo,J.(2008): *Educació: dèficits, reptes i respostes a L'estat de l'educació a Catalunya.* Anuari 2006. Vol. II, pàgs. 91-98. Mediterrània-Fundació Bofill: Barcelona.

Erikson,E.H.(1981). *Identidad, juventud y crisis.* Taurus: Madrid.

Ezcurra J, González-Pinto A, Gutierrez Fraile M, (2008). *La salud física en el enfermo psiquiátrico.* p. 335-43. Aula Médica Ediciones: Madrid

Fernández Fernández, G (2015): *El fenómeno de la "puerta giratoria" en pacientes con problemas de salud mental en un hospital de la Comunidad de Madrid.* Trabajo Social y Salud, nº 82, tercer cuatrimestre 2015, págs. 49-58. Madrid.

Fernandez Garcia,T; Aleman Bracho, C. (2005). *Introducción al Trabajo Social.* Alianza Editorial: Barcelona.

Fora, F. (1996). *Esquizofrenia y sexualidad,* Tesis Doctoral, Universidad de Barcelona: Barcelona.

García López, R. (2004): *Salud mental comunitaria. ¿Una tarea interdisciplinar?* Cuadernos de trabajo social 17: 237-287

Guía de Organización del Servicio de Trabajo Social en Atención Especializada (INSALUD, 2000). Subdirección de Coordinación Administrativa: Madrid.

Gilligan, C. (1985). *La moral y la teoría. Psicología del desarrollo femenino*, FCE: México.

Gilligan,C. (2013). *La ética del cuidado.* Cuadernos de la Fundació Víctor Grífols i Lucas. N° 30. Fundació Víctor Grífols i Lucas: Barcelona.

Gualtero, R y Soriano, A. (2013). *El adolescente cautivo. Adolescentes y adultos ante el reto de crecer en la sociedad actual.* Gedisa: Barcelona.

Gorbeña Etxebarria, S y otros. (2000). *Ocio y salud mental.* Documentos de Estudio de Ocio, num.14. Universidad de Deusto: Bilbao.

Hernández, V. (2001). *El funcionamiento psicótico.* Revista Catalana de Psicoanalisis: Barcelona.

Herz, M; Lieberman,J; Marder, S; Mcglashan,T; Wiatt, R; Wang, P. (2003). *Guía clínica para el tratamiento de la esquizofrenia.* American Psychiatric Association. Guías clínicas para el tratamiento de los trastornos psiquiátricos. Ars médica: Barcelona.

Häfner, H; Maurer, K. (2006) *Detección temprana de la esquizofrenia: datos actuales y perspectivas futuras.* World Psychiatry. pag 130-137.

Ed. Esp: Madrid.

Imserso, (2013). *Informe anual.* Instituto de Servicios Sociales: Madrid.

Leal, J. (2001). *Salud Mental y transversalidad: la articulación de recursos.* Boletín de la AMSM.

Leal, J. (2002). "Cuidarse, cuidar, ser cuidado" en *La soledad del cuidador.* CRIPS - Societat Catalana de Rorscharch: Barcelona.

Leal, J. y col. (2006). *La continuidad de cuidados y el trabajo en red en salud mental.* AEN: Madrid.

Leal, J. (2019). *Los cuidados en el marco de una ciudadanía inclusiva.* AEN: Madrid.

Maj, M. (2009). *Necesidad de proteger y fomentar la salud física en personas con enfermedad mental grave.* Rev. Psiquiat Salud Ment: Barcelona.

Margarit,J (2013): *Tots els poemes (1975-2012).* Edicions 62, Col. lecció Labutxaca: Barcelona.

Martínez Zambrano, F. y col. (2001). *Redes Sociales y esquizofrenia. Tipologia familiar, necesidades y sintomatología.* Diputació de Barcelona.
Medeiros, L; Obiols, J; Navarro, J; Zúñiga, A. (2013). *Síndrome metabólico y calidad de vida relacionada con la salud en pacientes con*

esquizofrenia. Actas Esp.Psiquiatr: 2013;41(1);17-26.

Mongriff, J. (2013). *Hablando claro. Una introducción a los fármacos p siquiátricos.* Herder: Barcelona.

Moya, J. (2004): *La Intervenció professional en joves amb trastorns mentals. Pautes d'orientació.* Barcelona. Centre d'Estudis Jurídics i formació Especialitzada (Generalitat de Catalunya) i Universitat Oberta de Catalunya: Barcelona.

Moya, J. (2014): *Elements bàsics de salut mental per a professionals de l'àmbit social.* Col·lecció Eines 12. Generalitat de Catalunya:Barcelona.

Páez, C. (1999). "Derivació d'un usuari de Serveis Socials al centre de Salut Mental d'Adults de Sants". En *Revista Catalana de Psicoanàlisi de Barcelona.* Volum XVIII nº1-2.

Páez, C., (2013). "Cors que bateguen". Programa d'Acompanyament Comunitari i Atenció a la Llar de la persona amb trastorn mental sever. *Revista de Treball Social.* Col·legi Oficial de Treball Social de Catalunya, nª 200.Barcelona.

Pajuelo, M. (2012). "Treball social amb families en un Centre de Salut Mental d'Adults". En *Revista de Treball Social.* Col·legi Oficial de Treball Social de Catalunya: Barcelona.

Pérez, F. (2012): *Hacia una reformulación de la Rehabilitación Psicosocial.* Grupo de Trabajo de la Sección de Rehabilitación de la AEN.

Cuadernos técnicos. Asociación Española de Neuropsiquiatría: Madrid.

Ramos, J. (2003). *Pla de serveis individualtzats. Quaderns de salut Mental, 2.* Barcelona, CatSalut, Departament de Sanitat i Seguretat Social, Generalitat de Catalunya: Barcelona.

Rodríguez-Artalejo F, Baca E, Esmatjes E, Merino-Torres JF, Monereo S, Moreno B, et al. (2006). *Valoración y control del riesgo metabólico y cardiovascular en los pacientes con esquizofrenia.* Med Clin: Barcelona.

Robertis, C. (2013). *Metodología de la Intervención en Trabajo Social.* Lumen Humanitas: Madrid.

Román, B. (2009). *L'ètica de les professions i organitzacions en l'àmbit dels serveis socials en Papers d'acció social.* 7. Departament d'Acció Social i Ciutadania, Generalitat de Catalunya: Barcelona.

Rossell,T. (1996). *La entrevista en Trabajo Social.* EUGE: Barcelona.

Salzberger, I (1990). *La Relación Asistencial: Aportes del Psicoanàlisis ftleiniano.* Amorrortu: Argentina.

Salvador-Carulla, L. y col. (1993). "Sexualidad y enfermedad mental crónica" en *Sexualidad en Personas con Minusvalía Psíquica* (pp. 241-254) IMSERSO: Madrid.

San Emeterio, M; Aymerich, M; Faus, G. (2003). *Guía de práctica clínica para la atención al paciente con esquizofrenia.* Versión extensa. Agencia d'Avaluació de Tecnologia i Recerca Mèdiques: Barcelona.

Sennet, R. (2000). *El respeto. Sobre la dignidad del hombre en un mundo de desigualdad.* Anagrama: Barcelona.

Sobrino,T., Rodríguez, A. *Intervención social en personas con enfermedades mentales graves y crónicas.* Editorial Sintesis: Madrid.

Subirats,M. (1993). *El trabajo doméstico, nueva frontera para la igualdad* en Garrido Medina, L. y Gil Calvo, E. (eds.) en Estrategias familiares, Alianza Universidad: Madrid.

Tizón, J. y col. (1997). *Protocolos y programas elementales para la atención primaria a la salud mental.* Vol 1. Herder: Barcelona.

Tizón, Jorge L (2013). *Entender la psicosis. Hacia un enfoque integrador.* Herder: Barcelona.

Tizón, J y col. (2006). *Hijos de pacientes psicóticos en el proyecto SASPE: investigar para cuidar un futuro comprometido.* Archivos de psiquiatría: Barcelona.

Tobio, C. (2002). "Conciliación o contradicción: cómo hacen las madres trabajadoras". *Revista Española de Investigaciones Sociológicas,* 79, 221-246: Madrid.

Tobio, C. (2010). *La cura de les persones: un repte per al segle XXI.* (Estudis socials; 28). Fundació La Caixa:Barcelona.

Torralba, F. (2007). *Ética del cuidar.* Constitución y Leyes: Madrid.

Ubieto, JR. (2009). *El trabajo en red. Usos posibles en educación, salud mental y servicios sociales.* Gedisa: Barcelona.

Winicott,D. (1996). *Los procesos de maduración y el ambiente facilitador.* Cap. IV. Paidós: Buenos Aires.

Zetkin,C. (1976). *La cuestión femenina y la lucha contra el reformismo.* Anagrama: Barcelona.

Marco legal

– Decreto ley 84/1985, de 21 de marzo, de medidas para la reforma de la atención primaria de la salud en Cataluña. Diari Oficial de la Generalitat de Catalunya (10 de abril de 1985), núm. 525.

– Ley 12/2007, de 11 de octubre, de Serveis Socials. Diari Oficial de la Generalitat de Catalunya (18 de octubre de 2007), núm. 499 Ley 39/2006, de 14 de diciembre, de Promoción de la Autonomía Personal y Atención a Personas en situación de Dependencia.

– Ley 39/2006, de 14 de diciembre, de Promoción de la Autonomía Personal y Atención a las personas en situación de Dependencia.

– Acuerdo del Gobierno catalán 28/2014, de 25 de febrero, por el cual se crea el PIAISS. Pla Interdepartamental d'Atenció Social i Sanitària (PIAISS), que establece la coordinación entre el Departament de Salut y el Departament de Benestar Social i Família.

– Declaración Universal de los Derechos Humanos (DUDH), 10 de desembre de1948.

– Plan de Acción Mundial para las Personas con Discapacidad de Naciones Unidas (1982).

– Plan de Salud 2017-2020.

– Constitución española 2011 (art.14) (BOE 233, 27.09.2011).

– Declaración Universal de los Derechos Humanos de1948.

– Carta de los Derechos Fundamentales de la Unión Europea (7 diciembre del2000).

– Convención Internacional sobre los Derechos de las Personas con Discapacidad 2006.

– Estatuto de Autonomía de Cataluña, 1979. (art.15).

– BOE núm. 96, de 21 de abril de 2008, páginas 20648 a 20659 (12 págs.) Instrumento de ratificación sobre los derechos de las personas con discapacidad.

Este libro se acabó de imprimir
durante el mes de febrero
de 2020.

Para ponerse en contacto con la autora:

https://cristinapaezcot.com

Cristina Páez Cot
info@cristinapaezcot.com

www.ingramcontent.com/pod-product-compliance
Lightning Source LLC
LaVergne TN
LVHW010915051026
849532LV00003B/704
9788412023138